王俊清/编著

嘻哈版 科学

恐龙

他们到哪里去了

TAMEN DAO NALI QULE

找回消失的文明

兵器工业出版社

图书在版编目(CIP)数据

他们到哪里去了?:找回消失的文明 / 王俊清编著.
—北京:兵器工业出版社,2012.9(2018.3 重印)
(嘻哈版科学系列)
ISBN 978 - 7 - 80248 - 819 - 9

Ⅰ.①他… Ⅱ.①王… Ⅲ.①世界史—文化史—青年
读物②世界史—文化史—少年读物 Ⅳ.①K103 - 49

中国版本图书馆 CIP 数据核字(2012)第 234471 号

他们到哪里去了?:找回消失的文明

出版发行:兵器工业出版社
封面设计:北京盛世博悦
责任编辑:许晶
总　策　划:北京辉煌鸿图文化发展有限公司
社　　　址:100089　北京市海淀区车道沟 10 号
经　　　销:各地新华书店
印　　　刷:北京一鑫印务有限责任公司
　　　　　　(北京市顺义区北务镇政府西 200 米)
开　　　本:710mm×1000mm　1/16
印　　　张:13
字　　　数:118 千字
印　　　次:2018 年 3 月第 1 版第 2 次印刷
定　　　价:29.80 元

他们到哪里去了

目录

他们到哪里去了

嘻哈版 科学

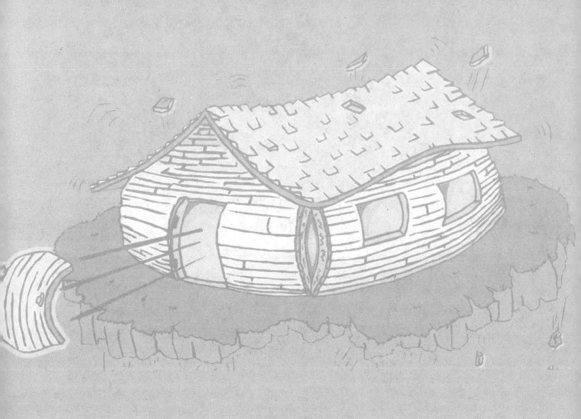

玛雅文明

　　地球毁灭可怕吗？《2012》这部电影在北美和中国同步首映，它讲述了在 2012 年世界末日到来之际，全球毁灭，世界人民在毁灭中挣扎求生的故事。这部电影一经播出，就引起了巨大的反响，很多人甚至都相信，2012 年就是地球的末日。

　　玛雅预言历法推测，第五太阳纪结束于公元 2012 年 12 月 21 日。这部电影就是以此为背景拍摄的。

　　玛雅文明大约形成于公元前 2500 年，它的足迹北起墨西哥的尤卡坦半岛，南至危地马拉、洪都拉斯，直达安第斯山脉。这个神秘的民族在公元前 400 年左右建立了早期的奴隶制国家，随后进入了繁盛的时期，于 15 世纪衰落，被西班牙殖民者摧毁，最后只剩下美洲的热带丛林中规模庞大的建筑群。直到 1839 年，探险家史蒂芬斯发现古玛雅人留下的遗迹，有

壮丽的金字塔，有富丽堂皇的宫殿，还有至今仍让世人震撼的高度精确的历法。考古学界为玛雅文明的湮灭提出了很多的假设，有外族入侵、人口爆炸、疾病、气候变化等说法，但众说纷纭，莫衷一是，只是给玛雅文明涂上了更浓重的神秘色彩。

你知道吗？

玛雅文明为何那么神秘？

玛雅文明湮灭后，只在南美洲的热带丛林中留下了一座座规模庞大的建筑群，里面有古玛雅人建造的金字塔，有庞大的宫殿群，还有各种各样神秘的文物及让人至今仍惊叹的文化遗迹。

古玛雅人的历法和天文知识十分精确，他们将一年分为18个月，推算的地球年为365.2420天，而现代人推算的地球年为365.2422天，误差仅0.0002天！而出土的各种神秘文物中，考古学家们在墨西哥高原的玛雅古城帕伦克的一处神殿里曾挖掘出一块刻有人物和花纹的石板，这一块石板上雕刻的竟然是一幅宇航员驾驶着宇宙飞行器的图画！这是一个多么令人难以置信的现象！几千年前的玛雅人又是如何准确地推算出如此精确的历法？又是根据什么雕刻出如此形象的宇航器？实在令人不解。

快乐一读

玛雅出土的神秘文物

1. 火箭浮雕：1948~1952 年，墨西哥籍考古学家路利教授在巴伦杰神殿的"碑铭神庙"中，发现这一个浮雕。浮雕的画面与现今的太空船构造相似，刻画的是一个带头盔的青年正在操作着类似于飞行器的机器。

2. 水晶头颅骨：1927 年在中美洲的伯利兹被发现，这是一颗完全由石英石加工研磨而成的水晶头颅骨，大小基本同于人类的头颅骨，内部构造与人类的颅骨骨骼构造完全相同。

印加文明

　　印加文明是在南美洲西部、中安第斯山区发展起来的古代印第安文明。"印加"是南美洲古印第安人最高统治者的尊号，意为"太阳之子"。

　　相传在远古时代，太阳神之子曼科·卡帕克现身于秘鲁和玻利维亚交界的的的喀喀湖中的太阳岛，从此，这个地方就成为了印加始祖的诞生地。印加帝国 15 世纪强盛了起来，以秘鲁南部的库斯科为首都，疆域十分宽广。16 世纪初开始衰落，1532 年，印加帝国最后一个国王阿达华巴被西班牙殖民者处以死刑，拥有着几百年历史的印加帝国就这样结束了。

你知道吗？

印加文明为何被称为印第安
三大古老文明之一？

作为一个奴隶制国家，印加帝国有"美洲的罗马"之美称。这个幅员辽阔的帝国，拥有发达的政治经济文化制度。

以印加王为领袖，以中央集权为中心的政治制度，外加一支20万人的常备军队构成了这一套完整的国家体系。此外，四通八达的交通网，发展迅速的农业和手工业让这个国家政治经济实力蒸蒸日上，特别是它的金属加工、纺织和陶业，均处于很高的水平。例如，早在公元前2000年，印加人就会纺纱织布了，他们的毛织品和棉织品花色多样，色彩温和，制作精细，在南部沿海皮斯科附近出土的木乃伊套服，就被称为是"世界纺织品的奇迹之一"，可见其高超的技艺！

快乐一读

印加帝国著名的遗址

1. 马丘比丘遗址，这是印加帝国最著名的遗址，位于马丘峰和华伊纳峰之间，那里有400间左右的石造住房，有由数百吨重的巨石建成的规模庞大的宫殿和神庙，从山顶到山脚有数以万计的梯田，山顶还垒起了数百吨的巨石以用作日晷来观察太阳。

2. 伊斯坎瓦亚遗址，伊斯坎瓦亚是古印加帝国最大的城市，位于的的喀喀湖北部险峻的山岳地带，谷底有95栋巨大的石造建筑物，分布在谷底和从峡谷伸出的石头平台上。现今，这一地区是吸血蝙蝠和响尾蛇出没的恐怖无人区。

3. 库斯科遗址，这一遗址被破坏得十分厉害，只剩下一些建筑废墟，但城中保存下来的一块"十二角石"具有重要的历史价值，考古学家认为它是印加历法的一种计算工具。

阿兹特克文明

　　墨西哥城是墨西哥的首都，拥有 2000 万人口，是在"阿兹特克帝国"首都特诺奇蒂特兰城的废墟之上建立而成的，这座古城曾拥有着一段令人惊叹的文明——阿兹特克文明。阿兹特克文明是古代阿兹特克人创造的印第安文明，同时也是美洲古代三大文明之一。

　　14 世纪初，阿兹特克人在部落酋长的带领下定居于特斯科科湖畔，后迅速崛起。公元 1325 年建立了阿兹特克帝国，以特诺奇蒂特兰城为首都。公元 1437 年阿兹特克帝国在著名的统治者蒙特祖马大帝的领导下建立了强大的部落联盟，疆域得到了扩大。然而由于统治方针的错误，阿兹特克帝国国内矛盾尖锐，在 1521 年被西班牙殖民者毁灭了。460 年之后，特诺奇蒂特兰城在墨西哥政府及考古学家的努力下重见天日了。

你知道吗?

阿兹特克人为何被称为"伟大的艺术家和建筑师"?

阿兹特克帝国于14世纪初崛起,1521年被毁灭,仅仅存在了200余年。但是在这短短的200余年里,他们却创造了令人惊叹的成就,留下了一大批珍贵的艺术品及一座座规模庞大的建筑物。

当时的特诺奇蒂特兰是以两座小岛为中心建立而成的,共有30万人口,66万栋房子,小岛之间均有由石头砌成的堤坝相连,坝顶十分宽广,可允许10余人并行通过。而城中的建筑物也颇具特色,公共建筑物多以白石砌成,一般的家居式建筑均有庭院,有的房顶还修建了花园,而贵族的房子则是用红石头盖起,并在屋顶设置了栏杆。最具特色的还是"太奥卡利"神庙,这座神庙是太阳金字塔的形状,塔底的面积有3.7万平方英尺,高达42米,从远处看,这座神庙犹如一尊保护神在保护着特诺奇蒂特兰城,特别是在落日的照射下,更为其镀上了一层神秘的色彩。

他们到哪里去了

快乐一读

阿兹特克帝国著名的遗址和文物

1. 墨西哥城，墨西哥的首都，阿兹特克帝国首都特诺奇蒂特兰城的废墟就是在这座城市的中央。

2. 阿兹特克历石，1790 年在墨西哥城的扎卡罗广场出土，这块石头 4 米厚，直径 12 米，重 24 吨，上面刻画的几个小区代表的是阿兹特克人的月份。

3. 柯约莎克浮雕，柯约莎克是古代阿兹特克神话中的月亮女神。这一浮雕制作于 1469 年，呈椭圆形，长约 3.3 米，宽约 1.7 米，重约 10 吨。

奥尔梅克文化

　　奥尔梅克文化是中美洲古印第安文明萌芽阶段的文化，有印第安文明之母之称，得名于奥尔梅克印第安人，分布在墨西哥的韦拉克鲁斯州和塔瓦斯科州，时间大约在公元前 1 世纪初至公元前 3 世纪。该文化的主要遗址有拉本塔、圣罗伦佐和特雷斯萨波特斯等处。拉本塔为中美洲最早的宗教中心，当时已形成较大市镇，有宏伟的金字塔式台庙、巨大的仪式性广场、玉石雕刻和最早的美洲文字，表明此时的奥尔梅克人已脱离原始社会建立了美洲最早的文明。奥尔梅克文化时期种植玉米、南瓜、豆类，创造了历法和计数符号。石雕艺术较发达，最有代表性的是用天然球形巨石刻成的头像，有的高 2.3 米，重达 20 吨。以翡翠碧玉雕刻的人像、美洲虎神像和玉佩饰物等也很精美。该文化的传统为日后中美洲的古印第安文化所继承。

　　奥尔梅克文化的主要特征包括：巨石建筑金字塔，巨石雕像，小雕像，大型宫殿，尚未破译的文字体系，玉器，美洲虎、羽蛇、凤鸟崇拜，橡皮球游戏……他们的巨石雕像高达 3 米，原料是花岗岩，人像都是厚嘴唇、扁平的鼻子，凝视的眼睛，奇特的头盔。其面部特征很像非洲人。

你知道吗？

奥尔梅克文化有哪些文化特点？

奥尔梅克文明的主体为三个文化点：圣洛伦佐文化、拉文塔文化和特雷斯·萨波特斯文化。三个文化的发展和繁荣期有先有后，相互衔接：圣洛伦佐文化最早，大约出现于公元前 1200～前 900 年；其次出现的是拉文塔文化，大约在公元前 900～前 600 年；特雷斯·萨波特斯文化出现最晚，约为公元前 500～前 100 年。由这三个文化点组成的奥尔梅克文明的影响不仅仅局限于墨西哥本地区，而且遍及整个中部美洲地区。中美洲其后出现的玛雅文明、阿兹特克文明以及其他各种文明都与奥尔梅克文明有很深的渊源，它们在社会生活、建筑艺术以及其他方面都有很多相似之处，体现出很强的一致性和历史继承性。

快乐一读

奥尔梅克文化的信仰：

宗教：奥尔梅克人主要崇拜半人半美洲虎的神，也崇拜羽蛇神和谷神。宗教信仰是奥尔梅克社会的主线，圣洛伦佐遗址就是一个宗教仪式中心和居民区的复合体。

文字：部分学者将拉文塔出土的一些雕刻图案认读为奥尔梅克人的文字，但尚未得到学界的公认。

城市遗址：圣洛伦佐遗址、拉文塔遗址（位于墨西哥南部的塔巴斯哥州）。

查文文化

　　南美洲古印第安文明萌芽时期的查文文化，因为秘鲁利马以北 270 千米处的查文德万塔尔遗址被发掘而被人们所关注。已经发掘出来的遗址以宗教祭祀中心为主，产生于公元前 200 年～400 年。出土发掘的有犬齿外露、须发如蛇的美洲虎神，还有马蹬壶、敞口碗等陶器以及耳坠镯子等金属物品。该文化是南美安第斯山区各代文明的渊源，其开创性与美洲的奥尔梅克文化一样重要。联合国教科文组织在 1985 年将其作为文化遗产列入《世界遗产名录》。

嬉哈版 科学

你知道吗？

你知道查文文化和奥尔梅克文明的相似点吗？

奥尔梅克最惊人的遗迹是巨石头像，有些头像高达 1.9812 米，比乔丹还高一点。一些雕刻画显示祭司带着美洲虎面具，还有一些雕刻画，画着被放倒的人体，可能代表人祭。在当时，战俘或者宗教游戏中的失败方会被杀掉，当做献给奥尔梅克虎神的祭品。

和奥尔梅克人一样，查文人也由祭司统治，他们后来都变成了国王的贵族。他们竖起一排排石柱，看起来像举行仪式时的通道。他们还用石头雕刻人的头像以及美洲虎、蛇和秃鹫像。查文人使用从羊驼身上剪下来的毛编织布匹。查文人只会使用石头工具，但他们能用金、银和铜来制造美丽的珠宝。

他们到哪里去了

快乐一读

印第安的古代文明

考古发掘至今没有在美洲发现类人猿、可直立猿之类的人类近亲遗迹。史学界公认印第安人是从西伯利亚移来美洲的蒙古人种。大约2.5万年前，他们经白令海峡在阿拉斯加的岛屿登陆，然后逐渐南移，遍布于美洲大陆。在欧洲殖民者入侵之前，印第安人世世代代生息于美洲大陆，是开拓这一地区的先驱者和主人。

在墨西哥，考古工作者找到了1.1万年前的人类化石，并发现了旧石器文化。美洲有确切资料可考的历史是从公元前2300年左右开始的。

公元前1250~公元200年，是墨西哥谷地的前古典文化时期，那些古老文化的遗存如陶器、泥俑等都表明，当地的部落已开始从事定居农业，有了管理组织和宗教组织。

·15·

托尔特克文明

托尔特克文明是由善武好战的托尔特克人所建,最初以墨西哥西部的图拉为中心开始了其发展的历史。图拉,这是一座群山环绕的城市,坐落在山顶,隶属于墨西哥伊达尔哥州,距离墨西哥城北有 83 千米。托尔特克人最初是墨西哥北部的一支游牧民族,约在公元 800 年南迁到墨西哥中部地区。公元 856 年,托尔特克首领克沙尔柯脱尔开始在山顶营建规模宏大的图拉城。公元 967 年,这个国家远征达金和奇钦·伊察,并建立新的玛雅托尔特克城邦。约在公元 1156 年,图拉城邦发生内讧,联盟瓦解,位于墨西哥北部的奇奇迈加人趁机攻陷图拉城,托尔特克人被迫迁出了图拉地区,托尔特克文明就此衰落了。

你知道吗？

托尔特克人为何被称为"伟大的工匠"？

托尔特克人在雕刻、建筑、制陶和绘画等方面极具天分，并创造了辉煌的成就。

雕刻方面，托尔特克文明最为著名的是在奇钦·伊察出土的武士庙，武士庙的入口处有名为《恰克摩尔像》的圆雕作品，是托尔特克雕刻文明的典型代表。恰克摩尔是托尔特克人崇拜的神，圆雕中的人物是躺着的姿态，头面向一侧，上半身仰起，胸前为蝴蝶状的装饰，肚子像一个容器，用以装纳贡品，双膝向上。建筑方面，最具有托尔特克特色的是奇钦·伊察古城。托尔特克人南迁至尤卡坦半岛后，吸取了该地区前统治者玛雅人的文化精华，兴建了奇钦·伊察古城。在这一城邦中，有武士殿、金字塔、观象台、头颅墙、球场、市场等既具有托尔特克人原有的风格又含有玛雅文化特色的建筑。

嘻哈版 科学

快乐一读

　　　　这座城邦遗址的发掘工作开始于 1923 年，直到 20 年后才结束。城邦南北长 2 千米，东西宽 15 千米。城中的建筑物有"三座门殿"、"四座门殿"、"红房"、"鹿房"等。

　　　　该文化遗址于 1942 年开始修整，分布在一个边长约为 120 米的四方形广场的周围，城中有太阳神庙、烧焦的宫殿、球场、石器作坊、纺织和制陶作坊、祭坛和起居室等。

　　　　位于图拉城的一座金字塔上，通往遗址的道上排列着两列男性人像的石柱，他们的眼睛和嘴都是镶嵌的，头上戴着羽毛装饰，右手执长矛，左手拿着箭和其他物品，巨大的蝴蝶状盔甲盘旋在胸前，背部有象征太阳的圆盘。

米诺斯文明

　　"米诺斯"即古希腊神话中克里特国王米诺斯（或为弥诺斯），出现在约公元前3000年~前1450年。青铜时代初期，即约公元前3100年，米诺斯文明以克里特岛为起源地开始发展了，约公元前1450年，这个文明受到了外力的冲击，岛屿被迈锡尼人征服，最后消逝在历史的长河当中。直到19世纪70年代，这个古老的文明才被揭开其神秘的面纱。

　　米诺斯文明是欧洲最早的古代文明，它以精美的宫殿建筑、壁画、陶器、石雕以及印章等著称于世。

你知道吗？

米诺斯文明是被火山摧毁的吗？

2010 年冰岛火山的喷发不仅影响了欧洲的航空事业，还影响了各国的天气。在科技发达的现代尚不能控制大自然的发怒，在原始社会，人类对于大自然的操控能力就更不用说了。在公元前 1650 年（关于火山的喷发年代，学者仍有争议），火山岛锡拉剧烈喷发了，距离克里特岛仅约 70 千米。这次火山喷发影响巨大，其导致了 的坍塌，引起了巨大的海啸，直冲天际的火山灰覆盖了整个地中海东部地区，而从火山口中散发出的二氧化硫和尘云引起了大气降温，据古气象学家的考证，这段大气降温期持续时间长达十年。

这一恶劣的生存环境破坏了 人的收成，很多城市被埋在厚厚的火山灰下，而海啸还重创了米诺斯人的航海能力，统治者的管理无法挽回这一颓势，最后迈锡尼的入侵使其走向了衰亡。

快乐一读

古希腊神话米诺斯迷宫的传说

古时，统治着克里特岛的国王叫做米诺斯，每隔9年雅典需要进奉，对童男童女到克里特岛。原来，在克里特岛上有一处迷宫，养了一只以吃人为乐的人身牛头的怪兽，这，对童男童女就是怪兽的祭品。雅典人对此十分恐慌，雅典国王的儿子忒修斯不忍看到人民遭受如此不幸，决定同被选中的童男童女们一起到迷宫中杀死那只怪兽。离别之时，王子同父亲约定，若杀死怪兽，他就会将返航船上的黑帆变成白帆。后在米诺斯国王的女儿阿里阿德涅公主的帮助下，王子顺利地杀死了怪兽，偕同公主逃出了克里特岛。可凯旋而归的王子竟忘了同父亲的约定，未将黑帆改成白帆。当爱琴国王看到归航的船挂的仍是黑帆时，悲痛欲绝跳入大海身亡。为了纪念这位伟大的父亲，那片大海被叫做爱琴海，克里特岛的迷宫也因此流传千古。

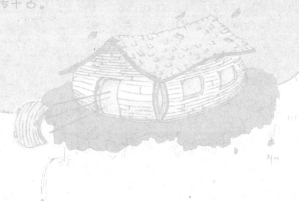

迈锡尼文明

在《伊利亚特》和《奥德赛》中，荷马多次提到"人间王"阿伽门农的首都迈锡尼。在他的笔下，迈锡尼是一个"多金的"城市。然而，伯罗奔尼撒半岛上的亚哥里斯平原如今却是一副干旱贫瘠的景象，无论如何也无法将其与"多金的"这个词联系在一起。辉煌过后是灰烬，如今只有那气势恢弘的城堡遗址独立在夕阳的余辉之下。

迈锡尼文明是较为发达的文明，是希腊青铜时代晚期的文明。希腊人于公元前 2000 年左右定居在巴尔干半岛南端，公元前 16 世纪上半叶出现了迈锡尼文明。公元前 12 世纪初迈锡尼率南希腊诸国攻打特洛伊城，虽胜利但消耗极大，国力被大大地削弱。约公元前 1125 年为多利亚人所征服，迈锡尼文明由此急剧衰亡，希腊倒退到没有文字的史前社会时期。19 世纪末德国考古学家海因里希·施里曼根据《荷马史诗》的记载，对亚哥里斯平原进行挖掘，使这一文明重现天日。

他们到哪里去了

你知道吗？

迈锡尼人的墓葬形式有几种？

迈锡尼文明以墓地文化为代表，一般有竖井墓和圆顶墓两种埋葬方法。

竖井墓是迈锡尼早期的墓葬形式，出现的年代约在公元前 16 世纪。一般是先在地上掘好墓，墓坑的四壁为台石，在墓底往上一定的高度同样也放置一块狭窄的台石，并在这一块台石上放置木架，形成墓顶。木架的顶端会密密地放上一层竹藤，竹藤上再盖上厚厚的一层覆着一层浅绿色黏土的扁石。这样，雨水就无法侵蚀到墓中了。再覆上更多的泥土以堆垒成小山的形状，雕刻有文字或图案的墓碑就放置在土堆的顶上。一座竖井墓就这样建成了。

圆顶墓则是迈锡尼晚期的墓葬形式，这种墓葬形式是砌成的圆锥状屋顶，在地面凿岩和砌石筑成圆形的墓室，坟墓的前方筑有墓道。从远处看，整座坟墓很像一个蜂巢，所以圆顶墓也称为蜂巢墓。最大的圆顶墓被称为阿特柔斯王的宝库，整座坟墓高达 13.2 米，全用巨石叠砌而成。

快乐一读

迈锡尼社会的基本情况

1. 社会等级：迈锡尼社会分为两类人，一是负责王室行政的国王的拥胄，二是生活在乡镇中受王室掌管的普通人民。

2. 经济组织：一是为王室服务，一是为自己服务。

3. 土地结构：分为由国王和元帅的领土组成的宫廷用地和由人民来耕种的地方土地。

4. 农产品：迈锡尼人主要种植小麦、大麦、橄榄、葡萄、亚麻、芝麻及各种果树。家畜方面以养殖绵羊和山羊为主。

5. 手工业：迈锡尼经济的主要支柱是纺织业，此外还有冶金、化妆品等行业。

美索不达米亚文明

2003 年，美军对巴格达市内萨达姆可能藏身的地点进行了猛烈轰炸，许多建筑物因此变成了废墟。萨达姆下台之后，伊拉克人民以为曙光就在眼前，可是事实却残酷地刺破了他们的希望，接二连三的爆炸案发生在这个国家之内。2010 年 6 月 13 日，巴格达市中心连续发生了 4 起炸弹袭击，致使 10 多人死亡。动乱还在这个城市蔓延，可就是在这么一个波动的地方，曾创造过令人惊奇的文明——美索不达米亚文明。

美索不达米亚文明也称为两河流域文明或两河文明，是在底格里斯河和幼发拉底河之间

的美索不达米亚平原发展起来的文明，由苏美尔、阿卡德、巴比伦、亚述等文明组成。这个伟大的文明包括了史前时代，公元前4000年~前3000年的苏美尔文明（亦称为早期高度文明），苏美尔早王朝时期与早亚述时期，阿卡德王国时期，苏美尔复兴时期，乌尔第三王朝，古巴比伦王国与中亚述时期，亚述帝国，新巴比伦王国，等等。

公元前1700年，两河流域诞生了人类历史上最早的农业历书《农人农历》，以农夫教子的口吻，讲述了一年的农事进程。

你知道吗？

公元前1700年，两河流域诞生了人类历史上最早的农业历书《农人农历》，以农夫教子的口吻，讲述了一年的农事进程。

你知道吗？

《汉摩拉比法典》为何那么知名？

公元前 1792 年，汉穆拉比即位，他征服了苏美尔人和阿卡德人，统一了美索不达米亚平原，建立一个强大的中央集权制国家，史称古巴比伦王国。汉穆拉比综合了苏美人和亚甲人的法典文献，制定了《汉摩拉比法典》。

这是一部历史上非常有名的法典，是世界上第一部较为完备的成文法典，同时也是世界上现存的最古老、最完整的法典。这部法典的 282 条法律条文都雕刻在一根高达 2.25 米的绿玉圆柱上，包括了司法行政、土地房屋、商业债务、私产保护、婚姻家庭、职业、农牧、租赁等方面的诸多事宜。这部法典的结语写出了一段空前绝后的话语："……汉摩拉比制定这部法典，其目的是在勿使强凌弱，在保护孤儿寡妇。……任何受压迫的，都可到正义之王的面前来申诉……"。

嘻哈版 科学

快乐一读

美索不达米亚文明的首创之举

1. 楔形文字，这是世界上产生的第一种文字，是由象形文字发展而来，大多都是刻在黏土板上。楔形文字同时也是最古老的已知的人类文字之一，直到如今，还有很多字无法解读。

2.《乌尔纳姆法典》，这是人类历史上最早的一部法典，成于乌尔第三王朝时期，现只保存下一些片段。

3. 天文历法，苏美尔人制定了世界上最早的天文历法，他们将一年分为 12 个月，每个月 29 或 30 天，每年 354 天，一星期有 7 天。

4. 诺亚方舟故事，美索不达米亚文明第一个阐述了创造世界和大洪水的神话，后被犹太人改编后编入《旧约全书》。

古埃及文明

　　"谁要是干扰法老的安宁，死亡就会飞到他的头上"，这是刻在古埃及第十八王朝法老图坦卡蒙墓上的一句诅咒。在考古学家打开坦卡蒙陵墓之后，关于法老诅咒的报道铺天而来，弥漫在金字塔身边的气息更加神秘了。

　　古埃及文明是指公元前5000~公元642年，从尼罗河第一瀑布到三角洲地区的历史。现代学者将上古埃及史分为九个时期，从约公元前3100~前1786年包括了四个时期，这四个时期形成古埃及奴隶制国家及出现了统一王朝，约公元前1786~前1085年包括了三个时期，这三个时期重建了统一王国，约公元前1085~公元642年，包括两个时期，这两个时期，埃及陷入外族统治之中。

历时几千年的法老王朝已消逝在历史的长河中，只剩下沙漠中一座座雄伟的金字塔和神秘的传说。其中，最为世人所知的是世界七大奇迹之一方锥形帝王陵墓，即金字塔，主要集中在开罗西南尼罗河西古城孟菲斯一带，以利比亚沙漠中的三座吉萨金字塔尤为著名。

他们到哪里去了

你知道吗？

古埃及人如何将尸体制成木乃伊？

在古埃及人的观念里，人死后，灵魂可以自由地飞离尸体，但灵魂还是需要尸体进行依托。所以，在古埃及社会，均有将亡者的尸体制作成木乃伊的习惯，以便亡者在来世得以依托身体继续生活。

木乃伊即经过特殊地处理而保存下来的尸体。防腐师首先用燧石刀在尸体上开一个切口，将除了心脏以外所有的内脏掏出来，并用酒和香料加以清洗，同时用香柏油冲洗尸体的腹腔，用带钩的工具钩出头颅里的脑髓，后用香柏油和香料进行清洗。此时，防腐师会把所有的器官和尸身埋进泡碱粉末堆中一个月以抽干尸体的水分，拿出来后再用香液和香料进行洗涤。接着，把干透的内脏用麻布包好放回腹腔，再用填料如锯屑、麻布、焦油等进行填充，随即将切口缝合。接下来就是对尸体的外观进行复原，防腐师会为尸体补充一些假发，在眼眶里装入假眼，并在尸体的皮肤里填入麻布填料以使尸体看起来更加饱满和生动。一切准备完毕，防腐师会用有色泥土替死者染色（男染红色，女染黄色）和用抹过松香的麻布对尸体进行包裹。此时，一具木乃伊就这样制成了！

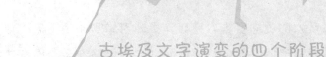

古埃及文字演变的四个阶段

1. 象形文字：这是最早的古埃及文字，产生于公元前 3000 年。

2. 祭祀体文字：此文字在外形比象形文字更加简单，书写方面从右往左，便于流传。

3. 世俗体文字：此文字是祭祀体文字的草写形式，连写形式更简单，书写方面从右往左。

4. 科普特文字：古埃及文字的最后一个阶段文字，其深受外来势力如希腊文、圣经文学的影响。

良渚文明

　　2010 年，一直在发掘探索的良渚玉架山聚落又现高级贵族墓葬，出土了 100 余件陶器、玉器。其中，最为珍贵的，是首次在良渚文化中发现的一支玉匕、一对玉箸，还有一件玉梳背。

　　良渚文明是是我国环太湖地区的一支重要古文明，是以发达的稻作农业、丰富精美的工器、高超的制陶技术、极具特色的陶器符号文字资料以及墓葬和大型建筑为代表的文明，其中玉文化是该文明的灵魂所在。良渚文明出现在铜石并用的时代，距今约 5250~4150 年。但是这个文明在历史的某个阶段突然消失了，遍寻中国的历史也找不到其踪迹。直到 1936 年在浙江吴兴发掘出具有代表性的良渚遗址，它神秘的面纱才开始展示在人们的眼前。经过半个多世纪的考古调查和发掘，已发现的良渚文化遗址多散布在长江下游环太湖地区，遗址多达 500 多处。

嘻哈版 科学

你知道吗？

玉文化为何被称为是良渚文明的精髓？

良渚文化的一个最主要特点是玉器的发达。从出土的玉器数量来看，仅出土或传世的大件琮、璧玉器就有上千件之多。而从出土传世的各类玉器来计算，则达近万件！甚至是一座坟墓中陪葬的玉器也达到百件之多！这是一个多么惊人的数目，因此有专家学者将大量玉器出现在随葬中的现象称之为"玉敛葬"。

作为礼器的玉器，一般是指玉琮、玉璧、玉钺。而在良渚玉器中，最典型的代表是玉琮，数量最多的是玉璧，但是不论是玉璧、玉琮，还是玉钺，这些玉器的表面都雕刻有一个与良渚人的祭祀活动有关的神秘图案。良渚文化中还出土了号称是"天下第一琮"的玉琮王，128件精美玉器覆盖了古尸的全身，这是一个多么令人震撼的场面！而构思工艺均十分巧妙的兽面纹和人兽纹结合的纹样，也让世人叹为观止。

他们到哪里去了

快乐一读

良渚文化的三大玉器

1. 良渚玉琮：玉器高8.8厘米，直径17.1~17.6厘米，重6500克，器型规整，厚薄均匀，呈扁矮方柱状，内圆外方，上下对穿一圆孔，圆孔的直径为4.9厘米。以4.2厘米宽的竖槽将该玉器的表面一分为二，每半面又以3条0.1厘米宽的横槽分为4节。

2. 良渚玉璧：由多种质地构成，一般以青绿色俗称"鸭屎青"的质地为佳，大小不一，外形酷似铜钱，玉器的中间为圆孔。

3. 良渚玉钺：玉器长17.9厘米，上宽14.4厘米，刃宽16.8厘米，厚0.8厘米。浅青色玉质，器身呈风字形，两侧略向内凹弧，左右不对称，上部有小孔，由双面钻成，两面的刃部上角为神人兽面的图案，下角为鸟纹。

巴比伦王国

　　伊拉克对于旅游者来说，撇开复杂的政治背景，其浓厚的历史沉淀使其像天堂一般。世界七大奇迹之一的"空中花园"就在距离伊拉克首都巴格达不远的地方，旅游者既欣赏的是这一美丽的奇迹，同时也羡慕那美满的爱情。

　　巴比伦最初只是幼发拉底河边一个不知名的小城市。约公元前 2200 年，阿摩利人攻占了这座小城市，并以此为中心，南征北战，最终建立了一个强大的王国，历史上将这个王国称为"古巴比伦王国"，阿摩利人因此也被称为巴比伦人。公元前 19 世纪，阿摩利人征服了乌尔第三王朝，建立了以巴比伦城为首都的巴比伦王国。在苏美尔人和阿卡德人的文明成果基础上，巴比伦人建立了具有自己特色的文明，将美索不达米亚文明发展到了顶峰。公元前 1792 年，巴比伦王国的第六代国王汉穆拉比将这个国家带领到了巅峰，可是当他死了之后，帝国就瓦解了，公元前 729 年为亚述帝国所灭。

你知道吗？

巴比伦洪水神话与诺亚方舟之间有何关系？

巴比伦神话中，有一个十分著名的洪水神话，讲述的是一位十分虔诚的巴比伦国王的祖先晚上睡觉的时候梦到了神仙，神仙告诉他，洪水就要来到这个世界，将这个世界淹没以惩罚人类的罪恶。而因为他忠于神灵，故神仙显灵以搭救他。这个人第二天就造了一只船，让全家人都搬到了船上，并带上几只动物和一些植物的种子。没过多久，天空暗了下来，狂风暴雨降临了这个世界，一切的生命都被洪水淹没了，除了那只在水上漂流的方舟。暴雨一直下了整整7天，到了第7天，一切都平静了下来，方舟也在一座山旁停留了下来，舟上的人将带来的动物放到山上，将种子种在这里，生命重新开始了其循环过程。

西方著名的诺亚方舟故事就是从这个传说演变而来的，不同于巴比伦神话的是，当洪水退落之后，那个名叫诺亚的人放出了一只鸽子，之后鸽子衔回一片橄榄叶让诺亚知道世界和平了。

快乐一读

空中花园

巴比伦的"空中花园"被誉为世界七大奇迹之一，亦称为"悬苑"，位于幼发拉底河的东岸，距离伊拉克首都巴格达50千米。这个花园是新巴比伦王国国王尼布甲尼撒二世为其所爱之人建造的。相传国王迎娶了波斯公主赛米拉米斯为妃，然而公主因远离故土而郁郁寡欢。国王为了哄公主开心建了这个花园。花园是一个四角锥体的建筑，高25米，在高高的平台上分层重叠，上面种植了全年翠绿的树木和花草，并通过各种水管为这些花草树木进行灌溉。从远处看，这个花园就像是悬空在空中，故被称为"空中花园"。

拜占庭帝国

拜占庭帝国或东罗马帝国是在西罗马帝国崩溃后依然存在的罗马帝国东半部。拜占庭帝国通常被认为开始自公元 395 年直至 1453 年（实际始于 8 世纪）。在其上千年的存在期内，它一般被人简单地称为"罗马帝国"。

拜占庭的文化和语言大多数是希腊的，军事上已经与古罗马大相径庭了。在罗马分裂东西之后，西罗马继承了古罗马的步兵方阵的战斗方式，而东罗马则开始尝试着以重骑兵代替步兵作为战斗主力。但拜占庭人将自己视为罗马人，对东罗马的罗马人来说，这并不自相矛盾。他们的语言是希腊语，他们的文化在许多世纪中是希腊文化，但到 7 世纪为止他们的官方语言是拉丁语。他们周围的国家（东方的波斯帝国和阿拉伯帝国，西方的欧洲国家，北方的俄罗斯）都将他们称为罗马人。假如有人将他们称为"希腊人"，那么这对他们来说是一种侮辱，因为"希腊人"表示"原始人"。一直到 17 世纪这个帝国还被称为拜占庭帝国。

你知道吗？

拜占庭帝国的黄金时代

马其顿王朝开国皇帝巴西尔一世生于亚美尼亚，幼时全家被保加利亚人俘虏，发配到马其顿去开垦土地。长大后，他成为皇宫马倌，867 年，巴西尔在 9 月 23 日晚上发动了政变，他先用手拧弯了皇帝寝室的门闩，然后在半夜带着亲信杀入皇帝睡房，迅速制服卫兵，结束了迈克尔三世的性命。

拜占廷帝国在 9、10 和 11 世纪初达到了顶峰。在这段被称为"黄金时期"的几个世纪里，拜占廷帝国抵抗了罗马教廷撤消佛迪奥斯为教主的要求，获得亚得里亚海的制海权，占领了意大利的一部分和保加利亚的大部分。

他们到哪里去了

快乐一读

拜占廷帝国的遗产及影响

拜占廷帝国的最后一夜中，一些皇族的人以及一些次要的贵族携带着古代的珍贵文献流亡到西欧各国，给西欧带去了文艺复兴之光，在拜占廷帝国的废墟上，诞生了西欧的新世界。

在欧洲的北方，拜占廷帝国给予斯拉夫民族的文字、礼拜仪式和教会，使他们与君士坦丁堡之间产生强大的精神联系。拜占廷帝国的文化和宗教遗产至今仍然可以在俄罗斯、保加利亚、希腊等国家看到。在希腊阿索斯山的神学家圣约翰修道院，作为拜占廷帝国永不灭绝的象征，帝国的金地黑色双头鹰国旗至今仍飘扬在修道院上空中。

波斯帝国

波斯帝国又称阿契美尼德王朝。波斯帝国从美索不达米亚横跨到印度，由里海伸展到波斯湾，势力扩及今天的伊拉克、伊朗和阿富汗。为了要控制今天的叙利亚、土耳其、巴勒斯坦、以色列、埃及和阿拉伯，波斯人与罗马人和后来的拜占庭人作战。波斯帝国的首都是戴西丰，即今天的巴格达。

公元前550年，居鲁士领导波斯各部落推翻米堤亚王国，建阿契美尼德王朝(始于公元前558年)，定都苏萨，是为波斯帝国之始。继而向外扩张，征服小亚细亚、两河流域、叙利亚等地，又向东占领大夏(巴克特里亚)、粟特等地。公元前5世纪初(大流士一世在位时)，波斯不断西进导致持续约半个世纪的希波战争，最后以波斯失败告终。公元前4世纪以后，国势转衰(公元前404~前343年埃及曾获独立)。公元前333年，大流士三世被马其顿亚历山大大帝彻底打败，公元前330年被杀，波斯帝国灭亡。

他们到哪里去了

你知道吗？

　　巴比伦尼亚的犹太人社区是波斯人的天然盟友，因为这些离乡背井的犹太人从未饶恕过曾放逐他们的巴比伦人。他们组成了亲波斯人的少数派，在多数居民均采取不合作态度的巴比伦尼亚，这个少数派对波斯人尤为可贵。尽管居鲁士二世出于策略的考虑，通过"与巴尔携起手来"，表示他愿意尊重巴比伦人的民族自尊心，但仍然无济于事。居鲁士二世也允许所有希望离开的犹太人返回在犹太的故园，并重建他们在耶路撒冷的神庙。在埃克巴塔纳（今称哈马丹）的档案中，可以查到居鲁士二世的敕令，这一敕令继而又受到大流士一世的进一步确认。要么是阿尔塔薛西斯一世在公元前 445 年，要么是阿尔塔薛西斯二世在公元前 384 年，曾允许其巴比伦犹太管家尼希米暂时离开首都苏萨，他负有前往犹太重新为耶路撒冷城设防的使命。大流士一世和阿尔塔薛西斯都曾为在他们授权下犹太人重建耶路撒冷公共工程而批准过预算和建材。

快乐一笑

大流士的改革

1. 加强王权，确立了君主专制的统治形式。

2. 将全国划分为 20 个行省（称萨特拉庇亚，波斯不在其内），设总督（称萨特拉庇）治理。

3. 将全国划分为五个大军区，每个军区下辖若干省军区。

4. 统一了铸币制度。

5. 在全国建立驿道，方便军队的调动、国王命令下达和下情上达。

6. 开通了尼罗河至红海间的运河，公元前 518 年派斯基拉克调查印度河口。

赫梯王国

赫梯（Hittie）汉译作"喜太"、"西台"、"西泰特"或"希泰"。赫梯位于小亚细亚的卡帕多细亚，是一个位于安纳托利亚的亚洲古国。讲印欧语系（雅利安语系）赫梯语的赫梯人和公元前2000年代迁来的讲涅西特语的涅西特人共同创造了赫梯国家。

赫梯王国约公元前2000年兴起于小亚细亚这一古老的文明地区。小亚细亚是近东文明与爱琴文明联系的桥梁和纽带。亚述人曾经于公元前3000～前2000年在小亚细亚建立了若干商业殖民地，其中最著名的是卡尼什商业公社。亚述人还把楔形文字带到了小亚细亚。在大部分地区都是山脉相绕以及高原上的哈里斯河流域，赫梯国的经济主要靠畜牧业了。因为灌溉要靠冰冷的河水及水池，很不利于农作物生长，所以农业发展有限。但是，他们境内有大量的铁矿、铜矿、及银矿，为冶金业发展提供了优越条件，所以他们冶金业也很发达。处在黑海、地中海和两河流域之间的赫梯国，很早就和外面发生贸易关系了。赫梯国是由很多部落组成的。

嘻哈版 科学

你知道吗？

　　赫梯人是一个习惯于征战的民族，世代征战让赫梯人认识到没有强劲的军队是不行的。赫梯历代国王保持有一支人数多达 30 万的军队。他们的武器先进，使用短斧、利剑和弓箭。赫梯人在冶铁方面颇具名气，是西亚地区乃至全球最早发明冶铁术和使用铁器的国家，也是世界最早进入铁器时代的民族。赫梯王把铁视为专利，不许外传，以至铁贵如黄金，其价格竟是黄铜的 60 倍。赫梯的铁兵器曾使埃及等国为之胆寒。赫梯人打击敌人最有效的武器是战车。在战场上，他们驱赶披着铁甲的马拉战车冲锋陷阵，所向披靡，使来敌闻风丧胆。直到公元前 1200 年左右赫梯灭亡之后，赫梯铁匠散落各地，才将冶铁技术扩散开来，在公元前 800 年左右传至印度。

他们到哪里去了

快乐一读

赫梯主要神话人物

阿尔玛：古赫梯神话中的月神。

阿鲁纳：古赫梯神话中的海神。

卡姆鲁塞帕：赫梯古王国时期的女神，主神的襄助者。

莱尔瓦尼：冥神，古赫梯神话中为男，较晚赫梯神话中为女。

萨鲁：古赫梯神话中的暴风雨神，又名"塔鲁"。

希梅吉：古赫梯神话中的太阳神，又名"希米格"。

雅里：古赫梯神话中的战神。

皮尔瓦：古赫梯神话中，赫梯两京城内萨和哈图萨斯神殿之神。

泰莱皮鲁斯：古赫梯神话中的丰饶之神，被视为塔鲁与母神之子。

瓦西塔：古赫梯神话中一山，与凡人生子。

古格王国

　　古格王国是在公元 10 世纪前后，由吐蕃王朝末代赞普朗达玛的重孙吉德尼玛衮在王朝崩溃后，率领亲随逃往阿里建立起来的。10 世纪中叶至 17 世纪初，古格王国雄踞西藏西部，弘扬佛教，抵御外侮，在西藏吐蕃王朝以后的历史舞台上扮演了重要的角色。曾经有过 700 年灿烂的文明史的古格王朝，它的消逝至今仍是个谜。据说 1630 年，与古格同宗的西部邻族拉达克人发动了入侵战争，古格王国就此灭亡。

　　古格王国遗址是一座规模宏伟、面积浩大的高原古城，在阿里札达肥札不让区象泉河畔的一座土山上，占地约 18 万平方米，是全国第一批重点文物保护单位之一。整个遗址建筑共有房屋洞窟 300 余处、佛塔（高 10 余米）3 座、寺庙 4 座、殿堂 2 间及地下暗道 2 条，分上、中、下三层，依次为王宫、寺庙和民居。外围建有城墙，四角设有碉楼。在其红庙、白庙及轮回庙的雕刻造像及壁画中不乏精品。

你知道吗？

你知道世界屋脊的屋脊是哪里吗？

阿里地处西藏的西部，平均海拔4500米以上，素有"世界屋脊的屋脊"或"西藏的西藏"的称谓，这里地形独特。

该地区湖泊众多，人烟稀少，有众多美丽绝伦的的雪山，且险峻多姿，气势磅礴；有着数不清的湖泊和走不到尽头的宽阔草原，各种高原珍奇动物和名贵的植物让您博览世界而不知疲倦。波佛教信徒视为"世界中心"的神山岗仁波钦和圣湖玛旁雍措不管您以何种角色去审视，都会产生一种无形的肃穆和敬畏。

还有古格王国遗址、托林寺、斑公湖自然风景区、鸟岛、科加寺、独特的地貌扎达土林、东嘎皮映洞窟壁画、"古象雄文化"以及具有500年历史的"普兰国际市场"等，都宛如一颗颗璀璨的明珠，让您顾盼流连。

这里有4条著名的河，即狮泉河、孔雀河、象泉河和马泉河。如今阿里越来越成为到西藏旅游，或者说时尚旅游中最热门、最时尚的一程。

嘻哈版 科学

快乐一读

人文景观

古格雕塑多为金银佛教造像，其中成就最高的是被称为古格银眼的雕像。而遗存数量最多、最为完整的是它的壁画，全面地反映了当时社会生活的各个方面。

古格盛产黄金白银，一种用金银计书写的经书充分体现当时皇室生活的奢华程度。

古城的围墙也是石刻艺术的宝库。城墙角的碉堡当年虽是做防御之用，但却是战争与艺术融为一体的结晶。

西夏

　　西夏是指中国历史上由党项族于公元 1038~1227 年间在中国西部建立的一个封建政权。拓拔思恭占据夏州（今陕北地区的横山县），建国时便以夏州得名，称"大夏"。又因其在西方，宋人称之为"西夏"。

　　西夏都城为兴庆府（今为宁夏银川市）。其统治范围大致在今宁夏、甘肃、新疆、青海、内蒙古以及陕西的部分地区，其疆域方圆数千里，东尽黄河，西至玉门，南界萧关（今宁夏同心南），北控大漠，幅员辽阔。西夏处西凉地区，党项族原

来主要从事畜牧业和狩猎，西夏崇宗、仁宗时期，西夏经济迅速发展，农业、商业、手工业逐渐发达起来，四方的物品会集到兴庆，进入了西夏经济最鼎盛的时期。

蒙古兴起后，四次进攻西夏。1227 年，西夏灭亡。

你知道吗？

野利旺荣

西夏大将。党项族野利部人。西夏景宗元昊皇后兄。多权谋，善用兵。西夏天授礼法延祚元年（1038 年），授为监军，与弟野利遇乞分统左、右厢军，号大王。官至宁令。在对宋作战中，多参与军机。

张浦

西夏大将。银州（今陕西榆林南）人。宋太平兴国七年（982 年），党项族首领、定难军留后李继捧奉诏入朝，留居京师，献五州之地。张浦献策继捧族弟李继迁，率亲信走避夏州地斤泽（今内蒙古伊金霍洛旗西南），联结党项豪族，集众万余，抗宋自立，李继迁多次率军袭扰宋边境。

快乐一读

西夏的军事制度

枢密院是西夏最高的军事统御机构，下设诸司。

军队由中央侍卫军、擒生军和地方军三部分组成。中央侍卫军包括"质子军"、皇帝卫队和京师卫戍部队。"质子军"人数约 5000 人，是由豪族子弟中选拔善于骑射者组成的一支卫戍部队，负责保卫皇帝安全，号称"御围内六班直"，分三番宿卫。另有皇帝亲信卫队 3000 人，是从境内各军中精选出来的强勇之士组成，皆为重甲骑兵，分为 10 队，每队 300 人，随皇帝出入作战。京城地区还屯驻一支训练有素的卫戍部队，共 2.5 万人，装备优良，是中央侍卫军的主力。擒生军人数约 10 万，是西夏的精锐部队。主要任务是承担攻坚和机动作战。因在战斗中生擒敌军为奴隶，故此得名。西夏的地方军由各监军司所辖，共有 50 万人，军兵种主要是骑兵和步兵两种。

西夏兵役制度是全民皆兵制，平时不脱离生产，战时参加战斗。最小单位是"抄"，每抄由 3 人组成，主力 1 人，辅主 1 人，负担 1 人。

夜郎古国

　　夜郎是我国秦汉时期在西南地区由少数民族建立的一个国家或曰部族联盟。西汉以前，夜郎国名，无文献可考。夜郎之名第一次问世，大约是在战国时期，楚襄王（前298～前262年）派"将军庄跃溯沉水，出且兰（今贵州福并县），以伐夜郎王"，"且兰既克，夜郎又降。（常琼《华阳国志·南中志》）西汉元鼎五年（公元前112年），武帝征南越，因夜郎等不听调遣，乃于翌年发兵平定西南夷之大半，在其地设牂柯郡（治今贵州关岭境）与夜郎等十余县，同时暂存夜郎国号，以王爵授夜郎王，诸部族豪酋亦受册封。西汉末，夜郎王兴与钩町王禹、漏卧侯俞连年攻战。河平二年（公元前27年），柯太守陈立杀夜郎王兴，夜郎国灭。

　　夜郎立国共300～400年。建夜郎国者究系何族，众说纷纭，主彝、苗、仡佬、布依等族先民者均有之。夜郎及其附近诸部落自战国时代以来便与秦、楚、南越诸地有贸易关系，至西汉成为汉郡县后，日益受到汉文化影响，中原的钢铁制品、手工业品、生产工具与灌溉技术等都很快输入夜郎地区，近年考古工作者在这一带挖掘的很多汉墓中的遗存足资证明。这些遗存同时证明了一部分土著习俗文物也遗留了下来。

他们到哪里去了

你知道吗？

夜郎故事首见于司马迁的《史记》。汉武帝开发西南夷后，为寻找通往身毒(今印度)的通道，于公元前122年派遣使者到达今云南的滇国，再无法西进。逗留期间，滇王问汉使："汉孰与我大？"后来汉使返长安时经过夜郎，夜郎国君也提出了同样问题。这段很平常的故事后来便演变成家喻户晓的成语。

其实夜郎国君并非妄自尊大向汉王朝叫板。夜郎是僻处大山的方国，即便现在交通也多受限制，2000多年前更是山隔水阻，偶有山外客来，急于打听山外世界，实为人之常情。

嘻哈版 科学

快乐一读

历史上还有过的夜郎

　　唐代著名诗人李白多次在诗作中提到过夜郎，为唐玄宗天宝年时在今贵州桐梓一带所设的夜郎郡，时间上距夜郎灭国已700多年。此前晋朝也曾在贵州设置过夜郎郡，地点大约在今贵州北盘江上游，距夜郎灭国也已300多年。

　　历史上用夜郎作县名更出现过多次，上述前后两个郡的首邑都叫夜郎县。此外，唐初在今贵州石阡一带曾设置过夜郎县。不久在今湖南新晃一带又设置过夜郎县。宋代也短时间在湖南新晃设置过夜郎县，这是历史上最后一个叫夜郎的县名。进入21世纪后，贵州数县市及湖南有关县市曾争相更名为夜郎。

斯巴达王国

斯巴达（Sparta）公元前 7 世纪末到公元 396 年，在古代希腊最强大的的城邦中，雅典第一，斯巴达位居第二。所谓城邦，就是一个国家，它以城市为中心，周围是乡镇。斯巴达位于希腊半岛南部的拉哥尼亚平原的南部，欧罗塔斯河（The EurotasRiver）的西岸。斯巴达城是个战略要塞，三面环山，扼守着泰格特斯山脉（Taygetus）。"斯巴达"原来的意思就是"可以耕种的平原"。约在公元前 11 世纪，一批叫做多利亚人的希腊部落，南下侵入拉哥尼亚，他们毁掉原有的城邦，在这里居住下来，这就是多利亚人的斯巴达城——不过它既没有城墙，也没有象样的街道。斯巴达人就是指来到这里的多利亚人。

斯巴达以其严酷纪律、独裁统治和军国主义而闻名。斯巴达的政体是寡头政治。在伯罗奔尼撒战争中，斯巴达及其同盟者战胜雅典军队并称霸整个希腊。但斯巴达在称霸希腊不久便被新兴的底比斯打败，在北方的马其顿崛起后，斯巴达失去了在希腊的影响力。

你知道吗?

你知道斯巴达人进行的是奴隶军事训练吗?

男孩到12岁,编入少年队。他们的生活更严酷了,不许穿鞋,无论冬夏只穿一件外衣,睡在草编上。这时他们不用刀,而是用手拔湖边的草,亲手编成的。平时食物很少,但鼓励他们到外面偷食物吃。如果被人发现,回来要挨重打,因为他偷窃的本领不高明。传说有一个少年,偷一只狐狸藏在胸前,狐狸在衣服内咬他,为了不被人发现,他不动声,直至被狐狸咬死。

满20岁后,斯巴达男青年正式成为军人。30岁成亲,但每天还要参加军事训练。60岁时退伍,但仍是预备军人。斯巴达女孩7岁仍留在家里,但她们不是整天织布做家务,而是从事体育锻炼,学习跑步、竞走、掷铁饼、搏斗等。斯巴达人认为只有身体强健的母亲,才能生下刚强的战士。斯巴达妇女很勇敢和坚强,她们不怕看到儿子在战场上负伤或死亡。一个斯巴达母亲送儿子上战场时,不是祝他平安归来,而是给他一个盾牌,说:"要么拿着,要么躺在上面。"意思是说,要么拿着盾牌光荣胜利归来,要么光荣战死被别人用盾牌抬回来。

快乐一读

斯巴达社会等级制度

斯巴达社会分为 3 个等级：

1. 斯巴达人。城邦中的全权公民，完全靠剥削奴隶劳动生活，最盛时约有 9000 户。斯巴达成年男性公民加入一种军事性质的所谓"平等者公社"，成为斯巴达国家的统治阶层。

2. "边民"，一译"庇里阿西"。被征服的边区城市的居民，约有 3 万户。为自由民，在本地有自治权，但是没有斯巴达城邦的公民权。主要务农，也有的从事工商业。

3. 黑劳士。属于斯巴达城邦所有的农业奴隶。

古罗马帝国

　　罗马最初只是台伯河畔的一个小城邦，地促势微。公元前 3 世纪初，罗马通过一系列战争，基本统一了意大利半岛。此后它进一步向海外扩张，发动了布匿战争（公元前 264~前 146 年），征服了西部地中海强国迦太基。

　　罗马城市建立的日期并不确定，传统认为是在公元前 753 年，这已经广泛地为考古发现所证实，尽管可能此前已经有一部分人早就居住在那里。传统上，罗马人把罗马城的建立归功于英雄罗穆卢斯。他和他的孪生兄弟瑞摩斯是英雄埃涅阿斯的后代。埃涅阿斯是希腊女神阿佛洛狄特（罗马神话中称维纳斯）的儿子，他在希腊人占领特洛伊城之后来到意大利。

　　公元前 6 世纪末，拉丁语族罗马人建立以罗马城为中心的奴隶制国家。约公元前 510 年，过渡到共和时代。公元前 27 年屋大维成为元首，罗马帝国建立。公元 395 年，帝国分裂为西罗马帝国和东罗马帝国。476 年，西罗马帝国灭亡。

你知道吗?

现代罗马城

意大利的首都,位于台伯河下游平原,是意大利政治、历史、文化和交通中心,同时也是古罗马和世界灿烂文化的发祥地,已有2500余年历史。它是一座艺术宝库、文化名城,也是罗马天主教廷所在地。是意大利占地面积最广、人口最多的城市,也是世界最著名的游览地之一。

东距第勒尼安海25千米。市区跨台伯河两岸,架有桥梁24座。人口264万(2006年数据)。意大利电影工业的主要中心。西北沿海的奇维塔韦基亚为其主要港口。世界最著名的游览地之一。占城区面积40%的古罗马城多规模宏大的古代建筑(如弗拉维安半圆形剧场、科洛西姆大斗兽场、大杂技场、潘提翁神庙、戴克里先公共浴场等)和艺术珍品。

快乐一读

罗马建城的传说

罗马东南部阿尔班山区阿尔巴国的国王是努米托，他被兄弟阿穆利乌斯将国王驱逐出境，还让他唯一的女儿雷娅·西尔维娅做贞女以阻止她生儿育女，以防止国王的子孙报仇。但是雷娅·西尔维娅与战神马耳斯相爱并生下了一对双胞胎。当这对双胞胎被遗弃在台伯河畔时，一只母狼哺育了他们，后来又被一位牧羊人发现，他的妻子将他们抚养大。

长大后，这对孪生兄弟成为了绿林首领。此时，孪生兄弟身世大白，他们的外祖父努米托恢复了王位。兄弟俩在被牧羊人发现的地方创建了自己的城市。后来，兄弟间发生了争吵，罗穆卢斯最终杀死瑞摩斯，成为新城的国王。他统治了很长时期，死后被接纳到诸神中，成为受人尊敬的战神奎里纳斯。

亚述帝国

　　亚述人在美索不达米亚历史上活动时间约有 1000 余年，大致可分为早期亚述、中期亚述和亚述帝国三个时期。亚述帝国是其历史上最强盛的时期。称雄的时间从公元前 8 世纪中叶到公元前 621 年，雄踞亚洲一个多世纪。境内农业发达，盛产各种金属，且地处古代西亚各国主要商路之上，战略地位十分重要，首都尼尼微因此成为世界性大都市。

　　亚述帝国是世界史上第一个可以称得起"军事帝国"的国家。帝国的历代诸王几乎都是在不断扩张征伐中度过的，而且其军事发展的完备堪称是古代世界最发达的。亚述位于两河流域北部，在公元前 3000 年左右，有属操塞姆语的亚述人以底格里斯河两岸的亚述城为中心建立的城邦。当萨尔贡、汉摩拉比强盛时曾表示臣服，但始终保持半独立地位。只有在两河流域南部的强大王权衰微之后，亚述才恢复独立，自谋发展。

你知道吗？

你知道亚述人军事上
有哪些特点吗？

奉行侵略扩张政策的亚述，作战大都采
取强大的、闪电式的进攻战术，快速和突击
成了亚述人军事战术的主要内容。

在军事组织上，以战车兵、骑兵、步兵等主力部
队和工兵、辎重兵等辅助部队协同作战。

亚述人非常重视军队的衣甲武器装
备和工兵、攻城器械的作用，还特
别重视野战营垒和驿道的建设。

他们到哪里去了

快乐一读

亚述扩张史上声名最显赫的
君主有四位：

提革拉·吡列色，公元前 745~ 前 727 年在位。是亚述帝国的真正创立者。

萨尔贡二世，公元前 722~ 前 705 年在位，他使亚述帝国进入了鼎盛时期，还以善于治国闻名于世。

辛那赫里布，公元前 704~ 前 681 年在位。据史载，他的辉煌战果包括 89 座城镇、820 个乡村，俘获 7200 匹马、11.1 万头驴、8 万头牛、80 万头羊以及 20.8 万个俘虏。

伊萨尔哈东，公元前 680~ 前 669 年在位，在他统治时期，建立了一个地跨西亚、北非，版图几乎囊括整个文明世界的亚述帝国。在他之后，亚述帝国盛极而衰。

迦太基古国

迦太基(QRT HDST,该词源于腓尼基语,意为"新的城市")古国,位于今北非突尼斯北部,临突尼斯湾,当东西地中海要冲。公元前九世纪末,腓尼基人在此建立殖民城邦。公元前七世纪,发展成为强大的奴隶制国家。首都迦太基城(今突尼斯城)。疆域包括北非西部沿海,西班牙南部,西西里大部以及科西嘉、撒丁岛和巴利阿里群岛,垄断西地中海海运贸易。公元前3世纪70年代,罗马对外扩张,成为迦太基的劲敌,爆发了古代史上著名的三次"布匿战争"。最后迦太基灭亡。公元147年,迦太基城被罗马军夷为废墟。

迦太基城的遗迹迦太基现在仍有很多遗迹可寻,如碉堡、水渠、神庙、音乐厅、剧场、澡堂、竞技场等的残存部分。从残存的剧场、公共浴室和渡槽等遗迹可知当时工程之浩大,设计之精确。在迦太基古迹附近有一座新落成的现代化博物馆,馆内保存并陈列着大量珍贵的历史文物。1978年,联合国科教文组织将迦太基遗址列入第一批"世界文化与自然遗产"的名单中。突尼斯政府在这个遗址建立了国家考古公园。

他们到哪里去了

你知道吗？

　　大约在公元前8世纪～前6世纪，迦太基亦向西地中海进发，占领了西班牙南部海岸及其附近岛屿，撒丁岛、科西嘉岛及西西里岛西部等，开始称霸西地中海，与希腊分别控制着地中海的西东两边。

　　迦太基因为其强大的海军称霸西地中海，因此亦成为西地中海的贸易中心，每年均有庞大的经商收入，迦太基的钱币也成为了西地中海的强势货币。迦太基拥有庞大的船队，而且居民亦善于航海，所以其海路贩运奴隶、金属、奢侈品、酒和橄榄油等商业活动很活跃。同时间，其家庭式手工业亦很发达，当中以纺织品最为著名。而其内陆地带——巴格拉达斯河谷的土地十分肥沃，所以迦太基即使在北非，亦有发达的农业，因此亦出现了奴隶制庄园。

快乐一读

三次布匿战争

第一次布匿战争

罗马在公元前4世纪统一意大利后，罗马人出其不意地渡海进攻迦太基在西西里岛的殖民地，战争持续了23年（公元前263—前241年），最后迦太基向罗马求和，以迦太基全面撤出西西里岛，并对罗马作出赔款为和约条件终止战争。

第二次布匿战争

汉尼拔为复仇，与罗马军共打了16年（公元前218~前202年），而经此一役，迦太基已经再无力与罗马争斗了。

第三次布匿战争

公元前149年，罗马人为避免迦太基恢复元气，决定先发制人，围攻迦太基。第三次布匿战争只持续了3年（公元前149~前146年），迦太基军队于公元前146年春被罗马军统帅埃米利安·科尔内利乌斯·西庇阿所攻灭。

他们到哪里去了

阿克苏姆王国

　　大约在公元 1 世纪，阿克苏姆王国定都于阿克苏姆。阿克苏姆是埃塞俄比亚的历史名城，其海拔高度为 2100 米。阿克苏姆王国在公元初几个世纪里，曾为印度和埃及的贸易中心。公元 4~6 世纪是王国的鼎盛时期，征服了青尼罗河和白尼罗河之间的麦罗爱王国和南阿拉伯的希姆雅尔王国，西与拜占庭结盟，并在国内推行基督教，成为当时非洲的政治、经济和文化中心之一。阿克苏姆王国一直在古代埃塞俄比亚的心脏掌握着政治权利，直至 13 世纪为埃塞俄比亚所取代。

　　国王埃扎纳在位时（320~360 年），征服埃塞俄比亚高原、麦罗埃和南阿拉伯，与罗马皇帝君士坦丁缔结同盟条约，国势极盛，被称为"众王之王"。埃扎纳还信奉基督教，推行新拼音文字。

　　阿杜利斯港是阿克苏姆最重要的贸易中心：它地近曼德海峡，控制红海的航运，西距阿特巴拉河不远，沿河北上可至尼罗河中游，所以又是内陆贸易的集散地。

你知道吗？

城市之母——阿克苏姆

这里一度被称为埃塞俄比亚的"基石"、"城市之母"和"古代文明的摇篮"。众多的寺院、雕刻和碑文成为这里的一大特色，而最为引人注目的是许多高高耸立的花岗岩方尖石塔和巨大无比的石柱。这些方尖石塔、石柱大约建于公元306年，即阿卜拉哈·阿巴巴国王时代，均由整块岩石凿成，成为当今世界上独一无二的景观。

据史料记载，最大的石塔高约33米、呈13层楼状，现已倒塌；现存的石塔中，有一座高为13.5米，塔基长2.6米、宽1.2米，其雕刻颇具特色，岩石被雕刻成具有横梁、地板和门窗的10层楼的形状，恰似一座直指天空的"摩天大厦"；有一座石塔由于是建在阿克苏姆的风口处，被当地人称为"清风吹来的地方"；还有一座石塔在意大利入侵时期，被搬走，如今依然立在罗马靠近君士坦丁拱门附近的地方。

快乐一读

阿克苏姆王国的主要建筑

大教堂

阿克苏姆中还有闻名遐迩的恩达·马里安姆·西翁大教堂，其中珍藏着许多国王的土冠和御服以及科普特基督教的经书，古代曾经有好几个国王在这个教堂里举行加冕大典。

阿克苏姆方尖碑

由花岗岩构成，高24米、重200吨，据称已有1700年历史，是埃塞俄比亚文明的象征。保存着阿克苏姆皇帝时代的古老历史，当时已与遥远的印度和中国有贸易联系。

楼兰古城

对于许多中外游人和探险者来说，新疆是一个充满吸引力的地方，而最具有吸引力的则是在地球上神秘地消失，后又意外出现的楼兰古国。

古楼兰位于新疆巴音郭楞蒙古自治州若羌县罗布泊西岸，位于古代丝绸之路上，并占据着重要的地位。汉文文献中首次关于楼兰城的记载源于司马迁的《史记》："楼兰，姑师邑有城郭，临盐泽"。西汉时，楼兰人口众多，城里商旅云集，有整齐的街道，还有雄壮的佛寺、宝塔。而当时楼兰城被匈奴所控制，后汉武帝、汉昭帝发兵破之，使其附汉，改国名为鄯善，南迁都城。直到唐代，唐朝与吐蕃在楼兰仍多次兵戎相见。可是，不知在什么时候，这个繁荣一时的城镇却神秘地消失了，它究竟消失于何方呢？这一直是若干世纪以来的不解之谜。直到1900年3月，著名瑞典探险家斯文·赫定在新疆进行探险，途中意外发现了一座古代城堡，后经研究断定，这座神秘的古城就是消失多时的楼兰古城。自此，楼兰古城开始解开了其神秘的面纱。

他们到哪里去了

你知道吗？

楼兰城为何消失？

统万古城在那一片浩瀚的沙漠当中，楼兰古城被人们发现了，但是一个更大的谜团却困惑着探险家们，这一座繁华一时的城镇为何突然消失在人们的视野当中呢？现今的研究者众说纷纭，有说是消失了战争；有说是衰败了生态气候的恶化；甚至说是毁灭于生物的入侵，等等。关于楼兰古城毁灭于生物的入侵，据说当时在两河流域存在着一种生物，名为蝼蛄昆虫，它们进入楼兰城后繁衍生长，以当地的白膏泥土为生，大量进入楼兰人的房屋中，而人们却找不到遏制它们的天敌。最后，这些蝼蛄昆虫在楼兰城里蔓延，破坏房屋建筑，让楼兰人不得不弃城而去。

嘻哈版 科学

快乐一读

楼兰古国的探险历史

1901 年，瑞典探险家斯文·赫定在当地向导的帮助下在罗布泊北发现了"楼兰古城"，随后 1905 年美国的亨廷顿探险队、1906 年英国的斯坦因探险队、1908~1909 年日本的大谷光瑞超探险队、1910~1911 年日本的大谷光瑞、枯瑞超第二次探险队进入了楼兰古城。1927 年我国的科学家开始了对楼兰的考察。我国著名考古学家黄文弼和地理学家陈宗器曾先后数次随中瑞（典）西北科学考察团在罗布泊北岸进行考察。20 世纪 70 年代末，日本 NHK 电视台与中央电视台联合摄制了电视片《丝绸之路》，发现了一批重要的文物。1988 年，则被日本人称为了"楼兰年"，在这一年里，人们发起了以楼兰探察为中心的一系列纪念活动。

统万古城

统万城是十六国时夏国的都城。始建于东晋义熙九年（公元 413 年）。是中国北方最早、最著名的都城。故址在今陕西省靖边县境内，城址东北有淖泥河，向东南注入无定河。

据史料记载，统万城是"蒸土筑城"，就是把白石灰、白黏土搅拌，进行注灌，类似于今天的浇注法。统万城历时 6 年完成，是在汉族知识分了的直接帮助下建成的。统万城城垣有四门，东门名招魏，南门名朝宋，西门名服凉，北门名平朔。城墙高 10 仞，基厚 20 步，上宽 10 步，东西长倍于南北，周长约 9 千米。城内复有皇城，内营造有亭台楼阁，雕梁画栋，富丽堂皇。

统万城在长时间内是北方的重镇之一。此后北魏、西魏、东魏长隋唐曾在这里置镇、州、郡。"茫茫沙漠广，渐远赫连城"。统万城就如同同样湮没在黄沙中的楼兰古城，带给后世的仅仅是一个曾经美好的回忆，让我们去寻找。

你知道吗？

你知道"统万城"名字的由来吗？

十六国中叶，匈奴铁弗部刘卫辰为魏所败，其少子刘勃勃南逃投后秦，秦王姚兴对他很器重，遂命为安北将军，使镇朔方。勃勃兵权在握，当即与后秦反目，于东晋义熙三年（407年）自立为夏王，不久南下攻取秦属岭北诸城，又西吞南凉，从此一跃成为十六国之一。夏凤翔元年（413年）勃勃改姓为赫连，同年命叱干阿利调秦岭以北10万人筑都城。他说："朕方统一天下，君临万邦，可以统万为名"。统万城即由此定名。

夏国创建者——赫连勃勃

赫连勃勃，字屈子，匈奴族铁弗部，十六国时期夏国创建者。公元407~425年在位。

赫连勃勃骁勇剽悍，善骑射，多智谋，称雄漠北，早年归附后秦姚兴，深得姚兴信任。历任骁骑将军，奉车都尉，持节、安北将军，并封为五原公。后秦弘始八年（406年）出镇朔方。是年杀害岳父没亦干。弘始九年（407年）反叛后秦，起兵自立。称大单于，大夏天王，年号龙升，并改姓赫连氏。公元413年改元凤翔，在朔方水北、黑水之南营建都城，名曰统万（今靖边县北白城子），寓"统一天下，君临万邦"之意。同时重用后秦降将王买德为谋士，设置百官、衙署，建立健全国家制度，图谋发展。

赫连勃勃生性残暴，草菅人命，杀戮无度。凡造兵器完成后必杀工匠，死者数千；经常自立城头，手执弓剑，见不顺眼者，辄杀之，臣下进谏，视为诽谤，先割舌头而后杀头。公元425年赫连勃勃病死，谥武烈皇帝，庙号世祖，葬嘉平陵。赫连昌继位。427年，北魏攻取统万，次年，赫连昌被擒。431年夏亡。

高昌古城

　　高昌（维吾尔语：Qara-hoja），西域古国，位于今新疆吐鲁番东南之哈喇和卓（Karakhoja）地方，是古时西域交通枢纽。地当天山南路的北道沿线，为东西交通往来的要冲，亦为古代新疆政治、经济、文化的中心地之一。高昌历史文献《新唐书·高昌传》有比较详细的记载。公元5世纪中叶至7世纪中叶，在这个狭窄的吐鲁番盆地中，曾先后出现四个独立王国，分别是阚氏高昌、张氏高昌、马氏高昌及麹氏高昌。

　　高昌故城位于吐鲁番市东45千米处火焰山南麓木头沟河三角洲，始建于公元前1世纪汉代，是世界宗教文化荟萃的宝地之一。高昌故城呈长方形，周长5.4千米，分外城、内城、宫城三部份。外墙基宽12米，墙高11.5米，夯土筑成。全城有九个城门，西面北边的城门保存最好。高昌城在13世纪末的战乱中废弃，大部分建筑物消失无存，目前保留较好的外城

西南和东南角保存两处寺院遗址。内城北部正中有一座不规则的方形小城堡,当地人称"可汗堡"。

你知道吗?

你知道唐僧曾在此讲经吗?

高昌古城原为雅利安族住民所居之地。汉代以后,汉人逐渐迁入(主要为汉魏屯戍军民的后裔和逃避战乱的内地移民),在回鹘移住以前,受汉族影响甚深,其风俗政令、文字等悉与华夏大同小异。依《出三藏记集》卷八所载道安《摩诃波罗蜜经抄序》言,前秦·建元十八年(382年)正车师前部王弥第来朝,其国师鸠摩罗跋提献胡本《大品》一部。及北凉·沮渠蒙逊领有此地后,高僧辈出,译经风气大盛。麴氏王朝成立后,佛教受历代诸王外护,佛法隆盛。玄奘西游途中,路经此地,国王麴文泰率全城欢迎,热情款待,并请求永留其国。玄奘婉拒,唯停留一个月,并为讲《仁王经》。及回鹘移住后,除潜信摩尼教外,亦信奉佛教、景教、祆教等。

快乐一读

高昌古城的历史变迁：

西汉宣帝时，派士卒携家属往车师前部屯田，且耕且守。元帝时，在其地建筑军事壁垒，"地势高敞，人庶昌盛"，称为高昌壁，又称高昌垒。同时，设戊己校尉，治于高昌，主管屯田和军事。

东汉、魏晋沿袭其制。这一时期，高昌壁隶属凉州敦煌郡。

西晋至十六国初期，高昌社会经济发展，开始具备置郡的条件。

隋开皇中突厥曾破高昌城。大业五年（609年）遣使朝贡，并出兵协助隋朝攻打高丽。

贞观初（626年）高昌王麴文泰来朝。后来麴文泰与西突厥结盟，唐太宗派遣侯君集、薛万均等大将征讨。贞观十四年（640年），高昌为唐所灭，置高昌县，后设安西都护府统之。

安史之乱时高昌为回鹘侵占。

宋建隆中，高昌回鹘遣使朝贡。

明朝永乐年间，国号火州。永乐七年、十一年遣使来朝。永乐十二年，吏部验封司员外郎陈诚出使火州。

明英宗年间，被吐鲁番并吞。

据《资治通鉴》记载，高昌毁于一场大的天灾之中。

佩特拉古城

　　佩特拉古城是约旦著名古城遗址，为公元前4世纪～公元2世纪纳巴特王国首都，位于约旦安曼南250千米处的与世隔绝的深山峡谷中，位于干燥的海拔1000米的高山上，几乎全在岩石上雕刻而成，周围悬崖绝壁环绕。佩特拉遗迹有一条长约1.5千米的狭窄峡谷信道，耸立着一座高约40米、宽约30米的依山雕凿的哈兹纳赫殿室，有古罗马剧场遗迹。剧场后面有一处开阔地，城市依四周山坡建筑而成，有寺院、宫殿、浴室和住宅等。还有从岩石中开凿出来的水渠。现设有佩特拉石窟博物馆，对佩特拉遗迹进行发掘和保护。

　　公元前1世纪，在国王阿雷特斯三世统治时极其繁荣，疆土曾扩大到大马士革。公元106年，被罗马帝国皇帝图拉真军队攻陷，沦为罗马帝国的一个行省。这里曾作为商路要道盛极一时。3世纪起，因红海海上贸易的兴起代替了路上商路，佩特拉开始衰落，7世纪被阿拉伯军队征服时，已是一座废弃的空城。1812年为瑞士人J.L.伯尔克哈特重新发现。

嘻哈版 科学

你知道吗?

公元前4世纪,佩特拉地处亚洲和阿拉伯去欧洲的主要商道附近,是个文化交流中心。

3世纪起,因红海海上贸易兴起代替了陆上商路,佩特拉开始衰落。

公元4世纪,地震毁坏了这座古城,许多人丧生,还有许多人逃离此地。公元636年,古城终被废弃。从此,佩特拉由生机勃勃的贸易中心变成一座死城。

7世纪被阿拉伯军队征服时,已是一座废弃的空城。12世纪以后更是如同从人间蒸发掉一样销声匿迹了。

快乐一读

佩特拉古城的标志建筑：

哈兹纳宫：是佩特拉最负盛名的建筑。宫室雕凿在陡峭而坚固的岩石上，共上下两层，高50米，宽30米。底层由6根直径2米的大圆柱支撑着前殿，构成堂皇的柱廊。顶层6根圆形石柱附壁雕成，柱与柱间是神龛，供奉着圣母、带翅武士等神像。

欧翁石宫：几百平方米的大殿内居然设有一根支撑的柱子，两侧是石窟群，向东西两侧延伸，石窟内有住宅、寺院、浴室和墓窟。

罗马式露天大剧场：看台依托山坡呈扇形散开。舞台用巨石铺砌而成，由几十层阶梯石座环护着，犹如众星捧月。更神奇的是，在音响系统尚未发明的久远年代，可容纳6000人的剧场居然有天然的音响效果。

埃勃拉古城

　　埃勃拉（EBLA）是西亚的一个古国，其位置在今叙利亚北部城市阿勒颇与哈马之间的大沙漠中。埃勃拉的神灵崇拜中，主神是九头巨蟒的阿曼神，其次是太阳神，再就是3个副神：雷神、火神以及水神。埃勃拉古城遗址总面积约56万平方米，它的平面大致呈菱形，最宽处约1000米，辟有四个门。城址中央的卫城近似圆形，直径约170米。埃勃拉王宫里宫殿极多，排列整齐有序，结构复杂。这些建筑整体布局和谐，排列技巧精湛，堪称西亚建筑艺术中的精品。

　　考古资料显示，埃勃拉古国的存在时期可以追溯到公元前3000~前2000年初，埃勃拉古国的农业相当发达，主要农作物是大麦和小麦。畜牧业也有一定的规模。手工业和商业也非常发达。后来，埃勃拉王国又先后受到阿摩利人、赫梯人的侵略和掠夺。屡经浩劫的埃勃拉自此日渐衰落。埃勃拉居民突然之间全部"蒸发"。

你知道吗?

　　1862年，法国考古学家梅·戴沃盖为了探寻古文明，率先考察叙利亚大沙漠。1955年，一个居住在附近的农民偶然在沙漠里发现了一个石狮子。1962年，意大利考古学家保罗·马蒂尔博士率领罗马大学考古队来到叙利亚；他们发掘的目的地定于沙漠中的特尔·马尔狄赫荒丘，这里正是石狮子的发现地。1964年，大规模的发掘工作开始。发掘出一具由玄武石雕刻而成的九头男人像，发现了宏伟壮丽的特尔·马尔狄赫陵墓，接着又发掘出了整个埃勃拉古城遗址。1973年，考古学家在卫城中发现了公元前3000年的王宫遗址。1974年，马蒂尔博士在王宫的一间小房子里发现了42块碑牌。这些碑牌上都刻有楔形文字，有些文字无法辨认，有些是苏美尔语。通过碑牌内容确定，这里就是消亡已久的埃勃拉古王国首都埃勃拉城。

快乐一读

泥版文化

意大利考古学家保罗·马蒂尔博士率领罗马大学考古队在卫城共发现了3万多块泥版文书。其中，用苏美尔语书写的约占80%，其余的则是一种古老的闪语（即西亚塞姆族方言）。专家们据此推测，苏美尔语可能是埃勃拉王国的官方用语，而民间用语则属于西亚塞姆族语系的一部分。因此可以断定，埃勃拉国最原始的居民属于塞姆族。佩蒂纳托博士将塞姆方言称为"埃勃拉语"。

泥版文书中，人名有上千个，地名有5000多个，有260座古代城市的名字，还记载了很多指令、税款和纺织品贸易的帐目及买卖契约，可见工商业在当时的埃勃拉王国已经相当发达了。一些泥版上还记录了埃勃拉王国的外交关系，王族内部和国内事务，宗教和文化事务等方面的内容。

耶路撒冷旧城

耶路撒冷，位于地中海东岸，距地中海 54 千米，向东距死海 24 千米。大耶路撒冷面积 627 平方千米，旧城在它的中部偏东，面积仅 1 平方千米。耶路撒冷被犹太教、基督教、伊斯兰教视做圣城，是世界上唯一享有这项殊荣的城市。

耶路撒冷从 16 世纪初起，接受奥斯曼帝国的统治，是独立行省的首府。1917 年被英国占领，是委任统治地的首府。1947 年联合国决议耶路撒冷为国际城市。第一次中东战争后，约旦控制了旧城及其东北地区，以色列则占领了新城。1967 年，第三次中东战争，以色列占领了整个耶路撒冷，1980 年宣布耶路撒冷为其首都。现在，耶路撒冷的地位和归属问题还有待解决。

现在的耶路撒冷旧城内分为 4 个区：东北区：穆斯林居住区；东南区：犹太教区；西北区：基督教区；西南区：亚美尼亚教会区。联合国教科文组织为了对耶路撒冷这个跨国家、跨地区和跨宗教的重要城市地位表示赞赏，并使该城成为各族人民间和平与理解的中心，于 1991 年推出"信仰之路"活动，

后来由于以色列与阿拉伯开始和平对话，该项目取得了积极的成果。

你知道吗？

全球犹太人不过 1500 万，仅占世界人口的 0.2%，但他们在各方面的贡献和成就却令许多人口多于其数十倍乃至上百倍的民族相形见绌。

卡尔·马克思：马克思主义的创始人，全世界无产阶级和劳动人民的伟大导师。

阿尔伯特·爱因斯坦：犹太裔美国科学家，现代物理学的开创者和奠基人。

西格蒙德·弗洛伊德：奥地利医生兼心理学家、哲学家、精神分析学的创始人。

约翰·洛克菲勒：美国实业家、超级资本家，美孚石油公司创办人。

大卫·李嘉图：英国古典政治经济学的代表。25 岁时拥有 200 万英镑财产，随后钻研数学、物理学。1819 年当选为下议院议员。

毕加索：西班牙画家、雕塑家。

弗兰兹·卡夫卡：20 世纪德语小说家。

史蒂文·斯皮尔伯格：以史诗片《辛德勒名单》荣获奥斯卡金像奖的大导演。

他们到哪里去了

快乐一读

耶路撒冷旧城现存的古建筑

1、犹太教希律圣殿的西墙（现在犹太人称之为哭墙）：现在保存的 12 米高的西墙，是圣殿被焚毁后在西院残墙基上修复起来的。

2、基督教圣墓教堂：这座教堂在公元 335 年，由罗马皇帝君士坦丁一世的母亲圣海价娜建于耶稣被钉在十字架的小山包上，规模庞大，由几座邻近的教堂组成。

3、圣岩清真寺（阿克萨清真寺）：公元 636 年，阿拉伯哈里发欧麦尔攻占耶路撒冷，他的继承人马利克在犹太人圣殿遗址上建立了这座八角形的清真寺。

4、旧城城墙：1517 年，奥斯曼帝国统治耶路撒冷，土耳其苏丹苏莱曼时期重修了城墙，长约 5 千米，一直保存到现在。

5、艾格撒清真寺。

6、耶稣"受难之路"：耶稣被"定罪"后"走到被钉的十字架"所经过的路。

特洛伊古城

特洛伊也称"伊利昂"，古希腊殖民城市，公元前16世纪前后由古希腊人所建。位于小亚细亚半岛西端赫勒斯滂海峡（即达达尼尔海峡）东南，即今土耳其的希萨利克。公元前13~前12世纪，颇为繁荣。公元前12世纪初，迈锡尼联合希腊各城邦组成联军，渡海远征特洛伊，战争延续十年之久，史称"特洛伊战争"，特洛伊也因此闻名。城市在战争中成为废墟。荷马史诗《伊里亚特》即叙述此次战争事迹。据传说，特洛伊城最后由希腊人用"木马计"攻破。19世纪考古发掘，获得大批古物珍品。

特洛伊城遗址位于恰纳莱南部，北临达达尼尔海峡，坐落在平缓的城堡山脚下。这里山峦青翠，流水潺潺，柑桔树和橄榄树满山遍野，红瓦白墙的农舍点缀其间，是土耳其爱琴海地区典型的农村风光。考古学家在深达30米的地层中发现了分属9个时期、从公元前3000年~公元400年的特洛伊城遗迹，找到了公元400年罗马帝国时期的雅典娜神庙以及议事厅，市场和剧场的废墟等等。这些建筑虽已倒塌败落，但从残存的墙垣、石柱来看，气势相当雄伟。这里有公元前2600~前2300年的城堡，直径达120多米，城中有王宫及其他建筑。在一座

他们到哪里去了

王家宝库中，发现了许多金银珠宝及青铜器，陶器以红色和棕色为主。此外还出土有石器、骨器、陶纺轮等。特洛伊城是一座被烧毁的城市的遗址，它的石垣达5米，内有大量造型朴素、绘有几何图形的彩陶和其他生活用具。

你知道吗？

公元前9世纪古希腊诗人荷马史诗《伊利亚特》叙述的"特洛伊木马计"就发生在这里。特洛伊王子帕里斯来到希腊斯巴达王麦尼劳斯营作客，受到了麦尼劳斯的盛情款待，但是，帕里斯却拐起了麦尼劳斯的妻子。麦尼劳斯和他的兄弟决定讨伐特洛伊，由于特洛伊城池牢固，易守难攻，攻战10年未能如愿。最后英雄奥德赛献计，让迈锡尼士兵烧毁营帐，登上战船离开，造成撤退回国的假象，并故意在城下留下一具巨大的木马，特洛伊人把木马当作战胜品拖进城内，当晚正当特洛伊人欢歌畅饮欢庆胜利的时候，藏在木马中的迈锡尼士兵悄悄溜出，打开城门，放进早已埋伏在城外的希腊军队，结果一夜之间特洛伊化为废墟。荷马史诗叙述的这段事迹，成为西方国家文学艺术中传诵不绝的名篇。

快乐一读

荷马史诗

公元前 11~前 9 世纪的希腊史称作"荷马时代",因荷马史诗而得名。荷马史诗是这一时期唯一的文字史料。荷马史诗相传是由盲诗人荷马写成,实际上它是许多民间行吟歌手的集体口头创作。史诗包括了迈锡尼文明以来多少世纪的口头传说,到公元前 6 世纪才写成文字。它作为史料,不仅反映了公元前 11 世纪~前 9 世纪的社会情况,而且反映了迈锡尼文明。荷马史诗包括《伊利亚特》和《奥德赛》两部分。由这两部史诗组成的荷马史诗,语言简练、情节生动、形象鲜明、结构严密,是古代世界一部著名的杰作。

凯鲁万古城

　　凯鲁万位于突尼斯东北部的内陆地区，北距首都155千米，东北距苏塞48千米，现为突尼斯第四大城市。凯鲁万古城始建于公元670年，面积0.54平方千米，周围筑有长3.2千米的坚固城墙，是一座堡垒式城市。公元800~909年，阿格拉比德王朝在这里定都，此后凯鲁万发展成为北非重要的政治、商业、宗教和文化中心之一。凯鲁万自此闻名于世，与麦加、麦地那和耶路撒冷并称为"伊斯兰四大圣地"。11世纪后因突尼斯城兴起而地位下降。城内街巷曲折、店铺林立，有80余座清真寺，100余处陵寝，数十座蓄水池和穹顶室内市场。著名建筑有凯鲁万大清真寺、"三大门"清真寺和阿格拉比德大蓄水池等。1988年，联合国教科文组织将古都凯鲁万作为文化遗产，列入《世界遗产名录》。

　　目前，凯鲁万城有8万居民。凯鲁万古城是羊毛、皮革、谷物、橄榄油的集散地，并以精致的突尼斯皮革、地毯、铜器等闻名。

你知道吗?

凯鲁万旧城历史价值的重要性在广达 54 万平方米，由长度超过 3 千米城墙环绕的旧城以及邻近地区中得到非常明显的体现。

凯鲁万的麦地那周围筑有 3 千米长的石头城墙，其南门和北门由一条横跨城市、穿越众多露天市场的交通要道相连接。在占地 54 万平方米的麦地那区域内，这条干道的两边是由通衢和死巷组成的密集交错的道路网。低矮的房屋形成了白灰涂墙的城市景观，这些房屋的外墙立面处理严谨，其历史可向上追溯 300 年。一些顶塔显露在一片平顶房屋之上。从它们现在的外貌来看，这些建筑的大部分都是始建于最近 3 个世纪的。

房屋建筑与露天剧场的广大主体是传统一致的市内构造，众多的墙壁与喷泉依然可以在这里找到。

他们到哪里去了

快乐一读

在凯鲁万最负盛名的古迹中，公元 862 年阿格拉彼得王朝时期修建的大蓄水池最令人惊叹，令人骄傲。蓄水池在凯鲁万城北不远处，两泓清水，波光粼粼，澄澈碧蓝，初来乍到无不信以为是两个湖泊而惊喜万分。据文献记载，凯鲁万地区因地理、气候原因，水源短缺，城市供水始终不足。为解决城市用水，哈里发王朝指令当时凯鲁万总督将几十千米外的泉水引至城下，并在城外修建了 15 个蓄水池蓄水，现今保留下来的只是其中的两个。这组蓄水设施包括大、小蓄水池和储水池 3 个主要部分，共计占地 1.1 万平方米，储水 5.3 万立方米。小蓄水池为 17 边形，与大蓄水池并列相连，直径 34 米，深 4.8 米。当年蓄水池的中央砥柱上建有一座漂亮的水上楼阁，专供君王们来此酣息，在这清凉漂浮的水面上嬉戏，畅饮。

亚特兰蒂斯

　　古代文献《梵蒂冈城国古抄本》中这样谈及大洪水前人类的文明："地球上曾先后出现过四代人类。第一代人类是一代巨人，他们毁灭于饥饿。第二代人类毁灭于巨大的火灾。第三代人类就是猿人，他们毁灭于自相残杀。后来又出现了第四代人类，即处于'太阳与水'阶段的人类，处于这一阶段的人类文明毁灭于巨浪滔天的大洪灾。"

　　在柏拉图的著作和希腊神话中也曾提及过一个神秘的地区，那是洪水灾难前的那片大陆，名叫亚特兰蒂斯。在民间，人们将这片陆地称之为"大西洲"，把孕育着那灿烂文明的国家称之为"大西国"。

　　可是正是这么一片拥有着高度发达文明的大陆，在一夜之间却沉没在了大海之中，只剩下一个个神话传说漂浮在尘世之间，留下许多至今仍无法解答的迷。

你知道吗？

亚特兰蒂斯的文明有多超前？

在科幻小说里，存在着超级自动化，基因工程，机器人，智慧的自由转移，催眠透视等。科幻小说即科学加幻想的小说，带有着夸张的成分。可是，在那片沉没于大西洋的大陆上，却曾存在过如此不可思议的文明，让人惊叹不已。

在传说中，当时的亚特兰蒂斯人的生活十分地奢华，城中的一切事物都是自动化，由机械进行管理，人们无所事事，只需要快乐地享受先进科学技术带来的便利即可。亚特兰蒂斯人面貌俊美，身穿由珠宝点缀的衣服，吃喝玩乐，甚至是服用迷幻药物。他们可以同动物交流，会制造机器人，通过特殊的装置将知识转移到人脑中，能制造出长生不老的药物，还会通过基因工程生下半人半兽的生物，等等，那里简直就是一个天堂。可是这个天堂却在公元前16000年时突然沉入海底，到底是因为触犯了海神，还是因为灾难的降临才消失，现今的人们还是无法定论。

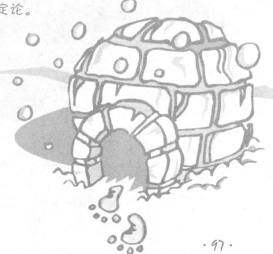

快乐一读

亚特兰蒂斯传说

传说中，海神波塞冬创建了亚特兰蒂斯王国，并娶了一位父母双亡的少女为妻，后生下5对双胞胎。于是，波塞冬将整座岛划分为10个区来让这5对双胞胎进行统治，而最高的统治者为名叫"亚特拉斯"的长子，因此，该国被称为"亚特兰蒂斯"王国。

"亚特兰蒂斯"王国十分地富强，物产丰富，王国的中央有祭祀海神的庙宇和神殿，造船厂则建在了海岸线上。10位国王都很英明，其领导的国家也很富强，他们掌握着领土的绝对权力，10兄弟每隔5~6年，会齐聚在波塞冬神殿进行讨论以便让国家更好地生存发展下去。可不幸的是，这10个国家最后出现了腐化的现象，惹恼了宙斯，引发了地震和洪水，王国在一夜之间沉到了海底。

科潘玛雅古城

科潘玛雅古城的遗址，位于洪都拉斯首都特古西加尔巴西北部大约 225 千米处，靠近危地马拉边境。遗址坐落在 13 千米长、2.5 千米宽的峡谷地带，海拔 600 米，占地面积约为 15 万平方米。这里依山傍水，土地肥沃，森林密布。科潘是玛雅文明中最古老且最大的古城遗址。广场中有金字塔、广场、庙宇、雕刻、石碑和象形文字石阶等建筑，是十分重要的考古地区。它吸引了许多外国学者到此进行考古研究，也是洪都拉斯境内重要的旅游点之一。

公元前 200 多年，科潘是玛雅王国的首都，也是当时的科学文化和宗教活动的中心。1576 年，西班牙迭戈加西亚在从危地马拉去洪都拉斯的途中，发现了这处淹没在草莽丛中的古城遗址。遗址的核心部分是宗教建筑，主要有金字塔祭坛、广场、6 座庙宇、石阶、36 块石碑和雕刻等，外围是 16 组居民

住房的遗址。最接近宗教建筑的是玛雅祭祀的住房，其次是部落首领、贵族及商人的住房，最远处则是一般平民的住房，反映了阶级社会中等级制度的宗教特点和宗教祭祀的崇高地位。

你知道吗？

玛雅历法

在前古典后期，玛雅人已创制出太阳历和圣年历（传统历）两种历法，前者计算出一年约有 362.420 日，远远精确于与欧洲人使用的凯撒历法；后者为玛雅人的传统历法，规定每月 20 天，每年 13 个月。这个传统历在地球上毫无用处，但为什么玛雅人要代代相传呢？难道他们在过去的什么地方就用这传统历？这一点被例为世界未解之谜。玛雅人每天都记两历日月名称，每 52 年重复一周，其精确度超过同代希腊、罗马所用历法。数学方面，玛雅人使用 "0" 的概念比欧洲人早 800 余年，计数使用二十进位制。

他们到哪里去了

快乐一读

关于科潘的传说

古代有一位玛雅人的王子，到了一片树林旁边，听到一个顽童说话的声音。那顽童告诉他，森林深处有座城堡，城里住着一个漂亮的公主和受难的人民。王子凭着好奇心进到城堡，发现那里有着邪恶的女巫，用咒语控制人民，被诅咒的人民都已动弹不得，整个城堡成为了一个死城。王子爱上了被诅咒的沉睡的公主，勇敢地与女巫战斗，后来王子深情地吻了公主，公主醒了，随之城堡里的人民也醒了，后来王子公主幸福地生活在一起。那个城堡就是后来的科潘市。

昌昌古城

　　昌昌古城，位于秘鲁西北部太平洋沿岸拉利伯塔德省特鲁希略城西北 4 千米的沙漠地区，有"城堡之城"之称。1956年联合国教科文组织将昌昌古城作为文化遗产，列入《世界遗产名录》。

　　昌昌古城是南美洲古印第安文明中奇穆帝国的都城。建于公元 11 世纪，面积达 20 平方千米。16 世纪西班牙殖民统治者侵占了这里，大肆掠夺并对该城进行了破坏，昔日繁华的昌昌古城，变成我们今天所见到的一片荒漠、残垣断壁。

　　昌昌古城的面积达 36 平方千米，有道路通达全国。该城在 14 世纪~15 世纪时最繁荣，城中心有 10 座建有围墙的内城。研究表明，这些内城可能是昌昌帝国 10 位君主的陵墓，兼作王族居住区的城堡。其内一般有储水池、陵墓、宫室等建筑，规模宏伟，院墙布置精美图案装饰。普通居民则住在城堡之外。古城中出土有铜器、金银器、陶器、织布机纺织品等。

你知道吗？

　　昌昌古城中心地区由9个各自独立的长方形城堡组成，每个城堡均长约400米，宽约200米。城堡四周有高9~12米的围墙，厚达3米。城墙和房屋用黏土、砂砾和贝壳粉末建成，极为牢固。城内许多房屋的墙壁上都装饰有壁画，题材多取自于生活中常见的树木、鸟兽、虫鱼等。很多墙上还饰有以捕鱼为内容的浮雕。诸如人类捕鱼，鱼鹰、水鸟逮鱼的构图，随处可见。可以看出，鱼是当时人们主要的食物之一，渔猎是奇穆人的主要生产活动。城堡内还有金字塔形神庙、宫殿、墓地、民居、庭园、蓄水池等。古城的中心是庙宇般的查珠第城堡，它有一个至今保存特别完好的议事厅。24个座位围着矩形庭院的土墙，看上去很像是现代进行辩论的会议厅。此厅的传声效果不同寻常，坐在不同座位上的人哪怕用低声轻轻说话，都能被听得很清楚。

快乐一读

南美洲古印第安文明

印加文明与玛雅文明、阿兹特克文明并称为印第安三大古老文明。具有殖民征服者。

印加文明是在南美洲西部、中安第斯山区发展起来的又一著名的印第安古代文明。它的影响范围北起哥伦比亚南部的安卡斯马约河，南到智利中部的马乌莱河，全长4800千米，东西最宽处500千米，总面积达90多万平方千米，人口超过1000万。大体说来，它包括了现今厄瓜多尔山区部分、秘鲁山区部分、玻利维亚高原地区、半个智利和阿根廷西北部。

蒂瓦纳科古城

　　蒂瓦纳科古城蒂瓦纳科城位于玻利维亚，是公元 400 年玻利维亚人在的的喀喀湖边建造的。很快居民聚居中心就繁荣发展起来，成为一座繁忙的城市。在这片土地上，修建了许多梯形金字塔、法庭和城市中心建筑。蒂瓦纳科现在的名字 Tiwanaku 可能来自艾马拉词汇"taypikala"，意思是"中央之石"。

　　从残存的废墟石块中可以看出，蒂瓦纳科曾经是一座相当坚固的大方城，四面有着高不可攀的城墙，每座城门都用一整块重达几十吨甚至数百吨的大石雕凿而成。最引人注目的还是整块岩石凿成的石门："太阳门"，驰名世界，号称"世界考古最伟大发现之一"。

　　有考古学家描述蒂瓦纳科古城中心和城周围的壕沟更像是为仪式庆典服务的，而不是用于战争中的进攻防御。阿卡帕纳是最大的梯形金字塔，曾被认为是一座人工堆建的小山。经过考察，人们后来发现阿卡帕纳的地基是由一块一块经过完美切割的石头严丝合缝地垒砌起来的，成为蒂瓦纳科的标志性建筑。蒂瓦纳科古城中心还有六个带有垂直石柱的"T"形台地，是蒂瓦纳科的另一个显著标志。台地的地面满是灰土，极有可能是从周围的壕沟中挖出来的。

你知道吗？

蒂瓦纳科和太阳门
修建在何时及修建者为谁？

100多年来，为了揭开蒂瓦纳科废城之谜，考古学家们做了大量工作。美国考古学家温德尔·贝内特在20世纪30年代曾经根据发掘结果提出过自己的看法，认为蒂瓦纳科经历过3个不同的文化时期，可分别称为早期、古典期和衰落期。在本世纪50年代，玻利维亚考古学家卡洛斯·蓬斯·桑切斯又率领考古队进行了大规模发掘工作，结果发现蒂瓦纳科废城底下共有5座古城遗址，它们一城叠着一城。所以，桑切斯认为，蒂瓦纳科城经历了5个历史时期，从公元前200~公元1200年，历时近1400年。

但是，在这5层古城遗址中发现的资料并不多，所以，对于蒂瓦纳科城究竟是哪个民族兴建的，它究竟是一座宗教圣城，还是某一个帝国的古都，以及它为什么会几度兴废等问题，仍然找不到答案。

快乐一读

蒂瓦纳科文明

蒂瓦纳科文明被认为是印加文明的先驱。玻利维亚蒂瓦纳科遗址是蒂瓦纳科文化的宗教、政治中心，玻利维亚印第安古文化遗址。遗址主要由两部分组成：一是阿卡帕纳金字塔，这是遗址中最长的建筑。二是大卡拉萨萨亚神庙，它是蒂瓦纳科人举行宗教仪式的场所。"太阳门"是该遗址中最著名的古迹。

蒂瓦纳科文化不仅限于对玻利维亚的影响，这是南美洲的古印第安文化，分布在玻利维亚和秘鲁，并扩及厄瓜多尔南部、智利和阿根廷北部。

所罗门财宝

　　公元前1000年，犹太人部落首领大卫攻占了耶路撒冷，建立了统一的以色列—犹太王国，并将耶路撒冷定为国家的首都和宗教中心。大卫死后，他的儿子所罗门（公元前960~前930年）即位。根据《圣经》记载，所罗门王在公元前10世纪的时候建立了一座雄伟的犹太教圣殿——耶和华神庙，并在神殿中央的"亚伯拉罕神岩"下修建了地下室和秘密隧道。那些数不胜数的金银珠宝就存放在这里——而这也就是历史上举世闻名的"所罗门宝藏"。然而后来，犹太王国日渐衰落。公元前586年，新巴比伦国王尼布甲尼撒二世攻陷了耶路撒冷，并因垂涎"所罗门宝藏"而在"亚伯拉罕神岩"下的地下室和隧道中大肆搜找。可惜由于地下室和隧道曲折幽深，结构复杂得像一个迷宫，寻宝行动最终只好放弃，圣殿也因此被付之一炬。

　　自从维多利亚时代畅销小说《所罗门国王的宝藏》中对充满黄金和钻石的"所罗门宝藏"大加渲染之后，很多考古学家和寻宝人就踏上了寻宝之途。但时至今天，"所罗门王宝藏"连同它最初的主人一样，依然是一个谜。

他们到哪里去了

你知道吗？

"所罗门宝藏"究竟在哪里？

对此人们作出了各种各样的推测：有的人认为在巴比伦人入侵耶路撒冷城之前，这些宝藏就已经被藏到其他地方去了；有的人认为这些财宝本来就不是藏在这里，而是藏在其他地方；另外一些人则咬定还在结构复杂的地下迷宫里。这样，从公元前4世纪起至今的2000多年来，寻宝活动一直没有停止。在众多的猜测中，对后世影响最大的说法是宝藏之地可能在所罗门群岛。可是由于所罗门群岛是由6个大岛和900多个小岛组成的，它们地貌相似，散布在60万平方千米的海面上，都覆盖着90%的森林丛莽，所以寻起宝来困难重重。要在一时之间寻得什么宝藏，那更是难上加难！可是正是因为所罗门群岛是一个由那么多小岛组成的地方，在一处没有找到宝藏并不等于这里就真的没有宝藏，所以几百年来，前来寻宝的人还是络绎不绝。

·109·

快乐一读

所罗门

古代以色列王国第三任国王所罗门，出生于公元前1000年，于公元前930年去世，是大卫王朝的第2任国王、大卫王朝创始人大卫王的爱子，《圣经·旧约全书》中《箴言》、《传道书》、《雅歌》的作者。

所罗门小的时候非常聪明，17岁时继承了王位。他和埃及公主结了婚，与埃及人合作把国家建立得非常强大。现在人们称赞一个人的聪明才智，常用"所罗门的智慧"来形容。所罗门当政时期是以色列与犹太联合王国的巅峰期，军队强大，商业繁荣，耶和华圣殿和华美的王宫相继在耶路撒冷建成。因此而被视为古代以色列最伟大的国王。其晚年奢靡无度，沉湎女色，致使国家每况愈下。死后国家分裂。

腓特烈一世的琥珀屋

　　1709 年，当时的普鲁士国王为了效仿法国皇帝路易十四的奢华生活，命令普鲁士最有名的建筑师兴建"琥珀屋"。"琥珀屋"面积约 55 平方米，共有 12 块护壁镶板和 12 个柱脚，全都由当时比黄金还贵 12 倍的琥珀制成，总重至少达 6 吨，建成后光彩夺目、富丽堂皇，被誉为"世界第八奇迹"。传说琥珀是美人鱼的眼泪，珍贵异常，每一颗都要历时千万年才能形成。人们认为它具有魔力，波罗的海地区的人们都相信琥珀具有神奇的康复治疗功能，琥珀被当时的人们称为"北方的黄金"和"阳光石"。

　　1716 年，普鲁士国王为与俄国结盟，就将这件稀世珍品赠送给了俄国彼得大帝。1941 年，纳粹德军攻入列宁格勒，将王宫中的"琥珀屋"拆卸了下来，装满 27 个箱子运回了德国柯尼斯堡。二战结束后，"琥珀屋"从此下落不明，从世人眼中神秘失踪了。近些年来，越来越多的人相信，27 箱被拆整为零的"琥珀屋"，可能沉在奥地利的一个湖底！

你知道吗？

腓特烈一世

腓特烈一世全名腓特烈·威廉·冯·霍亨索伦，普鲁士的第一位国王（1701~1713年在位）。

腓特烈一世积极参加西班牙王位继承战争，继续扩大领土。他相继获得图林根、默尔斯、上盖尔登、诺伊堡等地，此外还买得泰克伦堡和奎德林堡，为普鲁士争夺欧洲霸权打下基础。

他鼓励发展科学和艺术，在位时，柏林创建了哈雷大学（1694年）、艺术学校（1696年）和柏林科学院基金会（1701年）等机构。普鲁士的经济文化得到长足进步，逐步摆脱神圣罗马帝国的影响。

腓特烈一世生活奢侈，王太子经常反对他的浪费。他于1713年2月25日在柏林去世，终年55岁，安葬于柏林大教堂。

快乐一读

"琥珀屋"藏在湖底吗？

一些历史学家相信，"琥珀屋"被纳粹藏了起来，纳粹德军显然梦想在击败盟军后，再重新起出这些财宝。然而近些年来，越来越多的历史专家和寻宝猎人们都相信，纳粹可能将从列宁格勒劫掠来的财宝——包括27箱被拆整为零的"琥珀屋"，全都沉到了奥地利中部死山山脉中的托普利茨湖底！

据悉，来自美国"全球探险公司"的探险家们早就对柏林档案馆中的纳粹历史文献进行了广泛研究，并从中发现奥地利托普利茨湖是最可能的纳粹藏宝湖。

美国探险者还找到了一些当年的目击者记录，根据当时的目击记录，1945年5月，纳粹余孽曾经将成车成车的沉重箱子沉入了托普利茨湖底。目击者对这些箱子的描述，完全和那些装着"琥珀屋"的板条箱相符。

圣殿骑士团的神秘宝藏

　　1119 年，法国几个落破骑士，为保护朝圣者，保卫第一次十字军东征中建立的耶路撒冷拉丁王国，发起成立了一个宗教军事修会，由于该修会总部设在耶路撒冷犹太教圣殿，所以叫做"圣殿骑士团"。圣殿骑士团成立后，由于对伊斯兰教徒，同时也对基督教徒进行敲诈勒索，加上朝圣者们的不断捐赠，以及教皇给予的种种，从而积蓄了相当可观的财富。他们拥有封地和城堡，为朝圣者和国王们开办银行，是欧洲早期的银行家。他们生活奢侈，贪得无厌，热衷秘术，密谋参与政治活动，终于引起欧洲各国国王和其他修会的不满，被斥为异端。1312 年，罗马教皇克雷芒五世不得不正式宣布解散圣殿骑士团。

　　1307 年 10 月 5 日，法国王子菲利普四世下令逮捕所有在法国的圣殿骑士团成员。法国国王想通过打击圣殿骑士团，没收其财富，以补贴日趋窘困的财政开支。但是，圣殿骑士团却巧妙地把大量财富隐藏起来。

　　由于圣殿骑士团长期热衷于秘术，有自己独特的一套神秘符号体系。据说，他们就是用这种符号体系和秘密宗教仪式来隐藏和重新取出他们的珍宝。正因为这样，对于圣殿骑士团巨额财宝的下落至今仍然众说纷纭，成了一个难解的历史之谜。

你知道吗?

十字军东征

十字军东征(THE CRUSADES)是在 1096~1291 年发生的六次宗教性军事行动的总称,是由西欧基督教(天主教)国家对地中海东岸的国家发动的战争。由于罗马天主教圣城耶路撒冷落入伊斯兰教徒手中,十字军东征大多数是针对伊斯兰教国家的,主要的目的是从伊斯兰教手中夺回耶路撒冷。东征期间,教会授予每一个战士十字架,组成的军队称为十字军。十字军东征一般被认为是天主教的暴行。尽管如此,十字军东征使西欧直接接触到了当时更为先进的拜占庭文明和伊斯兰文明。这种接触,为欧洲的文艺复兴开辟了道路。

快乐一读

财宝的下落

有人根据当地的传说和发现的圣殿骑士团的神秘符号，认为藏进棺材和箱子的财宝现仍在法国罗讷省博热伯爵封地附近的阿尔日尼城堡里。一位对寻找圣殿骑士团财宝深感兴趣的巴黎工业家尚皮翁，曾经在秘术大师、占星家阿芒·巴波尔和对圣殿骑士团秘术有专门研究的作家雅克·布勒伊埃的指导下，对阿尔日尼城堡进行过发掘。由于他对刻在建筑物正面的神秘符号的内涵始终束手无策，结果一无所得。

法国"寻宝俱乐部"根据最新发现的资料认为，圣殿骑士团的财宝可能不在阿尔日尼，因为迄今并没有找到任何有价值的材料可以确定它们的存在。"寻宝俱乐部"认为，圣殿骑士团的财宝可能隐藏在法国夏朗德省巴佰齐埃尔城堡，因为那里也发现了许许多多令人晕头转向的圣殿骑士团的符号。据说，圣殿骑士团还有另外一些财宝可能隐藏在法国的巴扎斯·阿让，以及安德尔·卢瓦尔的拉科尔小村庄附近。在法国瓦尔市的瓦尔克奥兹城堡的墙上也刻着圣殿骑士团的神秘符号，而且也有关于圣殿骑士团把财宝隐藏在那里的传说。

总之，人们认为，圣殿骑士团确实把一大批财宝隐藏起来了，但是，究竟藏在什么地方，其谜底也许就像刻在石头上的神秘符号一样令人难以捉摸！

沉睡海底的黄金船队

在 1702 年，西班牙历史上著名的"黄金船队"在大西洋维哥湾被英国人击沉，从而留下探宝史上一大遗案。那时，西班牙财政困窘，一支由 17 艘大帆船组成的庞大船队遵命载着从南美洲掠夺的金银珠宝火速运回西班牙，正当"黄金船队"驶到亚速尔群岛海面时，突然一支英、荷联合舰队拦住去路，迫使"黄金船队"驶往维哥湾躲避。英、荷联军约 3 万人在鲁克海军上将指挥下对维哥湾发起猛攻，3115 门重炮的轰击，摧毁了炮台和障碍栅，西班牙守军全线崩溃。"黄金船队"总司令贝拉斯科绝望了，他下令烧毁运载金银珠宝的船只，瞬时间，维哥湾成为一片火海，除几艘帆船被英、荷联军及时俘获外，绝大多数葬身海底。

这批财宝究竟有多少？据被俘的西班牙海军上将估计：约有 4000 ～ 5000 辆马车的黄金珠宝沉入了海底。尽管英国人冒险多次潜入海下，也仅捞上很少的战利品。于是，这批宝藏强烈吸引着无数寻宝者。从此，在近 1000 海里的海底，出现了一批批冒险家身影，他们有的捞起已空空如也的沉船，有的却得到了纯绿宝石、紫水晶、珍珠、黑琥珀等珠宝翡翠，有的仍用现代化技术和工具继续寻觅。随着岁月推移，风浪海潮已使宝藏蒙上厚厚泥沙，众多传闻又使宝藏增添了几分神秘，无疑给冒险带来了太多的麻烦。

你知道吗？

哪些国家曾经是西班牙的殖民地？

西班牙的殖民地：中南美洲智利、哥伦比亚、阿根廷、巴拉圭、秘鲁、墨西哥、古巴和牙买加、加勒比海地区等；在亚洲，他们也曾在菲律宾建立据点，逐步占领群岛，到16世纪末除南部的巴拉旺岛、棉兰老岛和苏禄群岛等地以外，都被西班牙殖民者征服。另外还有西北非加那利群岛、休达、梅利利亚。

你知道吗？

西班牙走在海上探险最前列的原因是多方面的：一是地理位置的优越，在大西洋沿岸，这有利于向海外发展；二是航海技术先进，掌握了先进的航海技术；三是中央集权的体制，是中央集权的封建国家，有力量支持和供应远航所必需的装备；四是宗教情绪的狂热，新航路的开辟同西班牙人的宗教情绪有关，他们在对外扩张时把传播基督教作为自己的精神动力。

西班牙的殖民扩张主要是在美洲。占领地区包括除巴西以外的中美洲、南美洲和亚洲的菲律宾。扩张特点是占领全境直接掠夺财富，推行种族灭绝，并在当地建立农业大庄园，以供应欧洲市场。掠夺金银和进行奴隶贸易，发展大种植园，生产单一农作物，成为16世纪西班牙的三大财源。其原因是美洲金银矿产丰富，西班牙经济发展落后，不足以向殖民地输出工业品。

从 15 世纪末到 16 世纪末的一个世纪里，西班牙和葡萄牙最先在美洲和亚洲强占了广大的殖民地，成为欧洲最早最强大的殖民国家。到 16 世纪后半期盛极一时。西班牙和葡萄牙当时分割了东方、西方的世界，一个从拉美掠夺了大量的金银，一个运来大量的东方香料，大发横财。

隆美尔财宝

　　隆美尔（1891~1944年），纳粹德国陆军元帅、军事家，第二次世界大战期间纳粹德国的三大名将之一。隆美尔的那批宝藏，乃是他掠夺非洲的战利品，其中有金条、金砖、贵重金属和球宝、钻石等，总值估计达3亿美金之巨！在艾森豪威尔率领的美军从阿尔及利亚登陆，希特勒的这支非洲精锐部队，已处于腹背受敌面临被歼灭的不利境地时，希特勒下了一道密

他们到哪里去了

令给隆美尔，令他排除万难，务必将非洲兵团掠夺的黄金宝物，运往可靠的地点，否则，便将之毁弃。根据联军方面对于比塞大港来往船只调查的情报，发现有一艘海军船舰，任务不明，但是却配备着极强的炮火，偷偷离开比塞大港，突破联军的海上封锁，驶抵意大利北部的斯帕契尔港。

而再根据联军的情报，1943 年 10 月 18 日，天未黎明时，一艘小型的船只，在接受了那艘由比塞大港驶来的船只上的若干"货物"之后，便驶离了斯帕契尔，从此不知下落。而当希特勒的非洲兵团被击溃之后，那一批金条、宝物，并没有发现。而且，长时期以来，那些宝藏就如石沉大海一般，再也没有踪迹可寻，因此有理由相信，就是那一艘小型的船只，担任了藏宝的任务。

嘻哈版 科学

你知道吗?

隆美尔

隆美尔,纳粹德国陆军元帅、军事家,第二次世界大战期间纳粹德国的三大名将之一。在德国入侵法国时,他指挥的第7装甲师进展神速,挺进最远,被称为"魔鬼之师";在北非战场上,他指挥德国的非洲军团在兵力相差悬殊、战场环境恶劣的情况下屡败英军,并一度进抵阿拉曼,逼近埃及的开罗城;在盟军大规模反攻时,他主持修筑了著名的大西洋堡垒,并指挥了诺曼底抗登陆作战。作为希特勒的心腹爱将,他为纳粹德国付出了犬马之劳,立下了赫赫战功,成为德国国防军26位元帅之一。后因对德国的政治前途和军事前途失去了信心,与希特勒在政治和战略上产生了分歧,最终又因无意卷入了反希特勒的秘密活动,被迫于1944年10月服毒自杀。

快乐一读

"沙漠之狐"隆美尔是怎么死的？

1944 年 6 月 6 日，盟军攻入法国后，隆美尔成了希特勒最危险的反对者。1944 年 9 月末，希特勒最信任的心腹马丁·鲍曼在从元首大本营发出的一份印有"帝国秘密事务"字样的呈文中报告，隆美尔曾说"暗杀成功后他将领导新政府"。这份文件意味着对希特勒最喜欢的隆美尔将军作了死刑判决。鲍曼诬陷了隆美尔，那些试图在 1944 年 7 月 20 日用炸弹炸死那位独裁者的人和隆美尔其实一点关系也没有，只是因为几年前，隆美尔对鲍曼的羞辱使他记恨在心。

在博尔曼的报告发出几天后，两位将军来到隆美尔在黑尔林根的住所，并强迫这位被英军轰炸机炸成重伤的元帅吞服了毒药。考虑到他的妻子露西和时年 16 岁的儿子曼弗雷德，隆美尔服从了——这也是他生命中的最后一次服从。

张献忠之宝

　　张献忠，字秉忠，号敬轩，明末起义领袖，与李自成齐名。曾建立了大西政权，其人多有奇人异事流传，如入川屠蜀、江中沉宝等等。

　　据说，张献忠携带打劫而来的千船金银财宝从成都顺水南下，在四川彭山县江口镇"老虎滩"一带遭到川西官僚杨展的袭击，千船金银绝大部分随船沉没江中。这个传说一直在民间

流传。

　　2005年4月20日，四川省彭山县，岷江大桥施工工地，工人在桥底挖出了7枚重50两的明朝官银，这个偶然的发现，揭开了一个巨额宝藏的惊天秘密。深入调查却发现，据今300年间江口曾经陆续出土了大量珍贵的明代金银器，并且这些东西都跟张献忠有密切的关系。

你听说过"青冈木筒"吗？

"青冈木筒"是在四川省彭山县发现的。专家们根据残存木片，还原出完整的青冈木筒形状，制作木筒的青冈木干了以后硬如金钢，如果用来做地板，那是绝对耐磨的，如果用来做锤子不但耐用而且无反弹力，比做棺椁的枞木，还要细密得多。根据木筒残片的半径，我们可以推断，木匠选择的是青冈木最粗的位置，先锯成长一米的木棒，然后竖着一剖两半，最后再把中间挖空，这个空间虽然看上去很小，却能装下500两银子。木筒放进银锭后，再把两端钉合，一个藏宝箱就此完工。

根据彭山民间传说，当年，张献忠为了带走巨额的金银财宝，特意设计出一种神秘的青冈木筒作为藏宝箱。并且彭山发现的大银锭，的确是装在青冈木筒中的。根据文物专家推测，由于青冈木质坚硬，不易腐烂，所以它非常适合装载需要水运的物品；青冈木虽然经过了加工，但却完整地保留了原木的外形，所以非常隐蔽，不容易被人发现；当时张献忠既要提防士兵哗变哄抢财宝，又要防止财宝被敌军掠走。所以，用青冈木筒装银，其实最合适不过。

快乐一读

农民起义领袖

张献忠作为农民起义的领袖，十分注意争取广大人民群众的支持。每攻下一座城镇，他都命令起义军释放狱中的囚徒，散发府库的钱财赈济穷苦百姓。在湖广地区，张献忠提出了"三年免征"钱粮，"一人不杀"的政策。在武陵（今湖南常德），他还针对明朝后期大官僚、大地主兼并土地严重的现象实行"霸占土田，查还小民"的措施，这些都赢得广大人民的热烈欢迎。张献忠的队伍军纪也很好。张献忠的部队不掠夺百姓，甚至很少入民房居住，晚上就在布帐篷里安营。即使进入城市也是这样。这同纵兵大掠的官军形成鲜明的对比。许多地方的农民听说张献忠的军队要来，立即"焚香杀牛摆酒迎接"。

基德船长的财宝

　　17世纪的苏格兰人威廉·基德是海盗史上最有名的家伙，有"海盗之王"的称号。直到今天，许多疯狂的寻宝人仍在不懈地寻找着传说中的属于他的宝藏。威廉·基德是一位极富争议的船长。他是一位家境富裕的苏格兰移民，曾经是战争英雄，后成为赏金猎人，最后却以海盗罪被处死，但他至死不承认自己是海盗。

　　基德是马达加斯加和马拉巴海岸线之间的"海上恶魔"。他抢掠了大量的商船，在极短的时间内，积聚了巨额的珍宝。在以后的历史资料中，甚至说他积累了价值几十亿的宝藏。1701年5月23日，基德被带到了绞刑架前，给妻子一个小羊皮纸团。纸团上只写着四组数字：44—10—66—18。他还向在一旁执法的法官提出，愿意用不计其数的金银财宝来换取生命。这个建议被拒绝，他在柱子上饱受煎熬而痛苦地死去。

　　有人破解了他写下的数字，

认为这是在暗示西经44度10分，北纬66度18分。按照这个坐标，在长岛的东部尽头、离纽约不远的地方，可以找到一个叫做"加地纳"的小岛。近代以来，凭借着一些现代工具，有不少的寻宝者到这个岛上，用长长的大木杆在沼泽地钻来钻去，但始终一无所获。

你知道吗？

基德在辞世前说了什么？

当我在海上驰骋时，大家都唤我做船长基德；

当我在海上驰骋时，坏事做尽，并违背上帝的法则；

当我在海上驰骋时，四处游荡，找寻猎物，烧杀掳掠；

当我在海上驰骋时，离岸不远处我杀了威廉·摩尔，看着他的血流成河。

别了，行酒作乐的老少水手，我得走了，来寻觅我的藏宝吧！

别了，鲁侬镇美丽的姑娘，我得走了，没人愿宽恕我。

别了，我得走了，去遭受无穷无尽的苦难，去被埋葬……

嘻哈版 科学

快乐一读

东印度公司

东印度公司始建于 1600 年。最初，英国人主要是利用东印度公司做生意。1613 年，英国在印度西海岸的苏特拉设立了最早的英国贸易站，不久，又在印度东海岸的马德拉斯建立商馆。1698 年，东印度公司向印度莫卧儿政府买下了东海岸的加尔各答。加尔各答村庄虽小，作用却非常大，东印度公司在这里设立了贸易总部，把印度的粮食和工业原料，源源不断地运回英国，从中获得了丰厚的利润。

因为东印度公司实力越来越强，逐渐就占领了上面提到的马德拉斯、加尔各答和另外一个城市孟买。他们在这里设立了 3 个管区，各设一名省督管辖，把这些地方变成了进一步侵占印度其他地区的根据地。随着东印度公司源源不断地将商船开往英国，不仅给印度人带来了无穷的灾难，引起了他们极大的不满，也引来了大批的海盗。正是在这种情况下，贝洛蒙勋爵建议基德入股经营武装民运船。

山下奉文的财宝

　　山下奉文（1885~1946年），日本陆军上将，战犯。高知县人。毕业于陆军士官学校和陆军大学。曾任驻外武官、步兵团长等职。1943年晋上将。1944年9月任第14方面军司令，率部在菲律宾吕宋岛负隅顽抗，直到日本败降。多次对平民进行屠杀，1946年在马尼拉被处以绞刑。

　　山下奉文对财宝无比的贪婪。为了得到财宝，他亲自带人灭杀了龙山当地的望族金泽河全家。当时他的副官在日记中有一段这样的记录："少将（山下奉文）让我们密察金泽河的身分，以及他送来宝物的目的，少将弄清情况之后，大笑数声，一改他往日庄严稳沉的风格，从此，我们就真正地开了杀戒，把那些稀世珍宝统统收入少将的府库里去。"

你知道吗?

第二次世界大战时期，日本东南亚战区司令绰号"马来之虎"的山下奉文，率日军侵占了泰国、新加坡、马来西亚及菲律宾。在占领东南亚期间，为了向天皇进贡，讨得天皇的青睐，他拼命搜刮东南亚人民的珍宝，积敛了巨额财宝。1944年秋，太平洋战争形势急转，日军海空主力遭到盟军的毁灭性打击。当麦克阿瑟将军率美军反攻菲律宾时，日军已面临灭顶之灾。在无路可走的情况下，山下奉文让菲律宾人将其搜刮来的黄金、宝石等埋藏起来，然后又枪杀了这批埋宝人，不留活口。藏宝图分为若干份交给亲信秘密带回日本。随后，山下奉文十几万大军惨败，基本上全军覆没，他本人也难逃法网，被盟军审判后绞死。随着他命归黄泉，"马来之虎"宝藏便成为一大谜案。

快乐一读

　　1975 年，当时的菲律宾总统马科斯就曾委托国际贵金属公司来人商谈菲律宾寻宝事宜。这家公司在从事寻找黄金和贵金属方面很有经验，当事情略有进展时，公司方面听说马科斯要杀人灭口，于是烧掉标明可能隐藏财富的172 个地点的地图，逃回了美国。1983 年马科斯宣称，已经在圣地亚哥要塞地下找到了财宝，不久将公布于世。但马科斯此举只是想让那些打山下奉文宝藏的人死心。实际上直到他下台，也未能见到任何财宝的踪影。但这些并不能让那些为财宝而着迷的人死心，不少菲律宾人仍和外国人纷纷合作成立探宝公司，在菲律宾全国到处寻宝，因为据说山下奉文的财宝还不止埋在一处。一些被认为是藏宝的古墓、城堡、历史古迹、教堂和校园等，都已被挖掘的面目全非。可是包括圣地亚哥要塞在内，至今仍一无所获，到底山下奉文藏没藏财宝，藏了多少，尤其是藏在哪里，这些至今还没有一个人能说个明白，或许这就是那个不可一世、双手沾满东南亚人民鲜血的刽子手给菲律宾人民留下的最后一个不祥之梦。

嘻哈版科学

赤城山黄金之谜

当今日本藏金规模之最当数赤城山，据说它的黄金埋藏量高达 400 万两，相当于现在的 100 兆日元 (兆在古代指 1 万亿)，而 1987 年日本的国家预算也不过 54 兆日元。

赤城山珍藏黄金是 1860 年的事。当时正值日本德川幕府统治末期，世界的金银兑换率为 1 : 15，而日本仅 1 : 3，国内存在黄金大量外流的现象。为了阻止这种消极现象，也为了储备财产以利于军备，"大老" (是常设的幕府最高执政官) 井伊便以储存军费为名，高度秘密地制定了埋藏黄金计划。赤城山被选为藏金之地。因为赤城山是德川幕府为数不多的直辖领地之一，它属德川家族世代聚居地，易于保守机密。而且地处利根川与片品川两河之间，有连绵起伏的高山作屏障，是易守难攻的军事安全地带。它也是德川幕府不得已全线溃退后的最后防御之地。当时强藩的中下级武士出身的改革派立意打倒幕府实行革新。正当井伊秘密藏金之时，1860 年 3 月 3 日，他被倒幕派武士刺死在江户 (今东京) 的樱田门外。他死后，属下林大学头和小栗上野介继续执行埋金计划。19 世纪 60 年代末，德川幕府终于被倒幕派推翻，江户时代结束。1868 年 7 月新政府改江户为东京，明治政府上台，赤城山藏金也就成了一个谜。

你知道吗?

你知道水野一家祖宗三代的寻宝趣事吗?

第一代水野智义变卖家产筹款 16 万日元,开始调查藏宝内幕。水野智义在 1890 年 5 月从一口水井北面 30 米的地下挖出了德川家族的纯金像,推测金像是作为 400 万两黄金的守护神下葬的。不久,又在一座寺庙地基下挖出了水野智义认为是埋宝地指示图的 3 枚铜板,但它们所含之谜却无人读懂。昭和 8 年 4 月,水野智义又发现一只巨型人造龟。这就是第一代水野为之奋斗一生的收获。

第二代水野爱三郎子承父业,在人造龟龟头下发现一空洞,洞内有五色岩层,不知是自然层还是人为造成。

第三代水野智子进一步在全国了解有关赤城山黄金的传说。他与人合作利用所谓特异功能来寻宝。但收获甚微。水野家三代在赤城山的发掘坑道总计长 22 千米,却仍没有寻到藏金点。

快乐一读

中国赤城山

中国赤城山，在天台县北，是往天台必经之地。赤城山距离县城2千米，因土色皆赤，形如城堡而得名。从前台州称赤城郡，天台县称为赤城，均因此山而得名。因为形如雉堞，岩色赤赭，每当晨曦当照，满山紫气氤氲，霞光笼罩，故名"赤城栖霞"，为"天台八景"之一。

赤城山海拔340米，在近郊四面青山中独树一帜，历来被看作是天台山的南门和标志。山的东南面向阳和煦，其中以紫云洞、玉京洞最为有名。紫云洞在山麓，洞口嵌"赤城霞"三字。玉京洞高轩宽敞，是山中精舍。明僧灵睿有一联"不与众山同一色，敢于平地拔千寻"。洞前不远处有金钱池，相传晋代高僧昙兰在此诵经，有神献金钱于池中而得名。山顶矗立一古塔，为梁代岳阳王妃所建，是天台山最古的建筑物。济公院位于瑞霞洞，毗邻香云洞。瑞霞洞底标高200米，洞口宽10余米，建有前后山门、洞殿敞厅等，共2000余平方米，分置于6个不同高度平台上。建筑风格独特。

亚马逊密林深处的黄金城

16世纪初，西班牙人推翻了印加帝国，掠夺了所有黄金宝石，西班牙统帅庇萨罗听说印加帝国的黄金全是从一个叫帕蒂的酋长统治的玛诺阿国运来的，而且那里金银财宝堆积如山，庇萨罗立即组织探险队，开赴位于亚马逊密林深处的黄金城。然而在这个广袤无垠的原始森林里，每前进一步都意味着恐惧和死亡，这里有猛兽毒蛇，有野蛮的食人部落，有迷失道路和威胁，一支支探险队或失望而归，或下落不明。

随后，西班牙人、葡萄牙人、英国人、荷兰人和德国人风闻黄金城的消息，谁都想一攫千金，于是蜂拥而至，深入亚马逊密林。其中，有位叫凯萨达的西班牙人率领约716名探险队员向黄金城进发，在付出550条性命的惨重代价后，终于在康迪那玛尔加平原发现了黄金城和传说中的黄金湖，找到了价值300万美元的翡翠宝石，然而这仅是黄金城难以估价的财宝中

的微小部分。

传说中的黄金湖就是哥伦比亚的瓜达维达湖。1974年，哥伦比亚政府担心湖中宝藏落入他人之手，出动军队来保护这个黄金湖，从此再也无人能够接近这批宝藏。于是，神秘的黄金湖便成为一个无法揭开的谜底了。

你知道吗？

"黄金城"的宝藏是如何消失的？

一种说法是当西班牙军队正准备侵入"黄金城"的时候，"黄金城"里的穆伊斯卡人已悄悄出现在的的喀喀湖畔。的的喀喀湖传说是印加人所崇拜的太阳神、月亮神的儿子下凡创造印加帝国的地方，因此穆伊斯卡人认为，与其让这近百吨的黄金制品被西班牙军队抢去，倒不如将所有珍宝抛进的的喀喀湖，让所有宝物回到自己神灵的怀抱。庇萨罗没有得到任何财宝，一怒之下命令手下的士兵将"黄金城"里的所有建筑物全部毁坏，然后一把火将空城烧为废墟。

另一种说法是凯萨达为了独吞"黄金城"所有的财宝，将城中大批的穆伊斯卡人全部屠杀，然后把城内掠夺的财宝埋藏在亚马逊密林深处一个不为人知的地方，并留下了一张藏宝图。他准备瞒着庇萨罗，悄悄等待时机将这些财宝运走。可是凯萨达万万没有想到，在3个月后西班牙军队的一次侵略战争中，死神降临到他的头上。他所有的部下也在这场战役中丧生。从此"黄金城"的宝藏再无人知道下落。

快乐一读

瓜达维达湖

瓜达维达湖是一个火山形成的深湖（根据不同的资料，它很可能是死火山，也可能是活火山），它深不可测，因此人们对其一无所知。从哥伦比亚首都波哥大乘车只需40分钟，便可以来到传说中一度曾经盛产黄金和宝石的瓜达维达黄金湖。这个地方如同玛雅人的金字塔，直到现在仍是齐布查－穆斯卡印第安人顶礼膜拜的圣地。在湖岸上，你可以感受到一种非同寻常的神秘氛围，有一种印第安人的宝物唾手可得的感觉。在这片由群山环抱的明净如镜的湖水中，至今仍隐藏着一个天大的秘密。

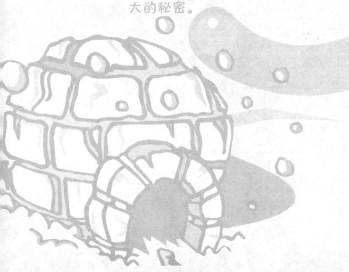

金银岛上埋藏的秘密

　　1820年，利马市仍是西班牙的殖民地，当被称为"解放者"的秘鲁民族英雄玻利瓦尔所率领的革命军即将进攻利马，利马的西班牙总督仓皇出逃，他将多年搜刮的财宝，包括黄金烛台、金盘、真人般大小的圣母黄金铸像装上一艘"亲爱玛丽"号的帆船上逃走。不料到了海上，船长见财起意，杀死了西班牙总督，为了安全起见，船长将财宝藏进了可可岛上的一个神秘的洞穴内。在以后的日子里，他却又一直没有找到适当机会重返可可岛取走宝藏，直至1844年，船长离开人世，留下了一张难辨真伪的藏宝图。

　　这张图混杂在后来流传的形形色色的藏宝图中，诱惑着众多人前往可可岛，试图找到宝藏。也许太神秘，也许太隐蔽，

他们到哪里去了

这些传说中的宝藏仍然不见天日，它依旧使人着魔。1978年，一件意料不到的事情使所有寻宝者目瞪口呆，哥斯达黎加政府以保护生态环境为理由，封闭了可可岛，严禁任何人挖掘。然而这之中又隐藏了一个怎样的新秘密呢？那"金银岛"的宝藏会永远被埋藏吗？

你知道吗？

你读过苏格兰作家斯蒂文森的著名小说《金银岛》吗？

《金银岛》讲述了个脍炙人口的探险故事，主要说海盗和船长各自一帮人为争夺荒岛宝藏而展开了惊心动魄的拼斗，在尾声中，作者暗示仍有一大笔财宝隐藏在荒岛的某一处。

《金银岛》是以太平洋的可可岛为背景写作的，该岛位于距哥斯达黎加海岸300英里的海中，曾是17世纪海盗的休息站，海盗们将掠夺的财宝在此装装卸卸，埋埋藏藏，为这个无名小岛平添了神秘色彩，据说岛上至少埋有6处宝藏，其中，最吸引寻宝者的是秘鲁利马的宝藏。

快乐一读

民族英雄——
西蒙·玻利瓦尔

西蒙·玻利瓦尔（1783~1830 年），是 19 世纪拉丁美洲独立运动最杰出的领袖之一。他领导了 1810~1830 年期间委内瑞拉、哥伦比亚、厄瓜多尔、秘鲁等地的独立战争，建立了联合委内瑞拉、哥伦比亚和厄瓜多尔的大哥伦比亚共和国及秘鲁、玻利维亚等国家，是南美共和制度的奠基者。

玻利瓦尔 1783 年 7 月 24 日出生于委内瑞拉加拉加斯城一个富有的克里奥尔（西班牙后裔）地主兼工商业者家庭。他生活的时代，正是西班牙封建专制腐朽衰落、美洲殖民地阶级矛盾和民族矛盾十分尖锐的时代。玻利瓦尔在 1799~1803 年之间曾去西班牙学习哲学、历史和文学，游历了法国、意大利的许多地方，亲眼看到法国大革命后欧洲社会的改革和变化，深受鼓舞。从此以后，他返回祖国，投身于为独立和自由而斗争的洪流。

印加宝藏

印加人是拉丁美洲的土著居民，他们在 11 世纪时，逐渐兼并邻近部落，到 1438 年建立起一个强大的奴隶制印加帝国。印加人崇拜太阳神和月亮神，他们以为黄澄澄的金子恰似太阳的光辉，因此不论是建造神庙和宫殿，还是平常随身佩带的物品，都大量使用黄金。据说，印加人从 11 世纪起就开始世代收藏黄金，如果把印加所有的黄金累计起来，其价值相当于当时其它地方金子的总和。

黄金城和黄金湖是传说中印加人存放黄金的地方。印加人早就开始开采金矿冶炼黄金。数千年来，他们聚敛了 7000 吨黄金。他们把黄金作为装饰品和祭祀用品。修建了专门的城池以供祭祀神祇之用。当然，这些城市建造得十分神秘，外人根本无法接近它。400 多年来，经过人们多次考察，已确定黄金城在安第斯山脉的利安加纳蒂山中。这里有一笔价值大得令人惊叹的黄金。但这个地区地势险恶，

森林密覆，神秘莫测，有许多传说中的藏宝地点，为此，许多寻宝人命丧黄泉。

重要印加遗址——

秘鲁马丘比丘古遗址

马丘比丘古迹处于海拔 2400 米，距离库斯科城西北 112 千米，是西班牙殖民者征服美洲之前，印第安人修建的古城，被认为是印加帝国的文化和精神首都，也被认为是历史悠久的安第斯文化的集中代表。全城分为两大部分：梯田和城区。在城区内有广场、庙宇和大楼，规划合理，风格独特。古迹内的主要景点有：城门、太阳庙、印加之家、大庙、神之岩、三重门、谷仓、大磨盘、神鹰庙和民众广场。

快乐一读

马丘比丘古迹处于海拔 2400 米，距离库斯科城西北 112 千米，是西班牙殖民者征服美洲之前，印第安人修建的古城，被认为是印加帝国的文化和精神首都，也被认为是历史悠久的安第斯文化的集中代表。全城分为两大部分：梯田和城区。在城区内有广场、庙宇和大楼，规划合理，风格独特。古迹内的主要景点有：城门、太阳庙、印加之家、大庙、神之岩、三重门、谷仓、大磨盘、神鹰庙和民众广场。

洛本古拉财宝

津巴布韦马塔贝勒王国国王（1870~1894 年），抗击英国殖民者的民族英雄。出生于南非德兰士瓦西部。他去世后，全国人民为他举行了隆重的葬礼。

国王的墓地是由本国的巫师选择的，参与墓穴挖掘的士兵必须全部殉葬。这样，世界上就再也没有第二个人知道墓的所在。4 年以后，巫师去世了，但她的儿子却被探宝者穷追不舍，只得四处逃亡。一战之后，一位名叫勒博德的军官从战俘和当地人口中得知洛本古拉财宝的传说，开始了他的寻宝之旅。1920 年，他找到了巫师的儿子。虽然巫师的儿子已记不得确切的方位，但根据其指点，勒博德还是划出了大致的范围。然而在挖掘过程中，探宝队不断发生各种事故。勒博德也因此官司缠身，只得作罢。后来又有人根据他的资料组织探宝，不料

在飞越大西洋时就坠机身亡。人们传说，这是巫师的咒语在保护国王的墓地。这样的传言当然不可信，但洛本古拉的财宝本来就应属于非洲人民，而不该落入西方人之手。

你知道吗？

洛本古拉在争夺王位中充分表现出他的心狠手辣的性格。1869年7月，一个据说是失踪的太子的人出现在王国，这个珀金·沃伯克在王国最勇敢善战的一个兵团拥立下造反，在洛本古拉残酷镇压下，该兵团所有官兵均被杀戮，无一幸免。这场大屠杀虽为洛本古拉除去一个隐患，却使王国军队的战斗力蒙受难以弥补的损伤。王位继承纠纷经过一年的血雨腥风，终于1869年9月以洛本古拉胜利登基而告结束。洛本古拉轻率地给予在夺位斗争中支持他的南非金矿公司以北金山采矿权，给予伦敦—林波波河公司以塔泰采矿权。

嘻哈版 科学

快乐一读

津巴布韦共和国

津巴布韦在班图语中意为"石头城",境内已发现200多处"石头城"遗迹,其中"大津巴布韦遗址津巴布韦"最为著名。人口1310万(2008年),黑人占总人口的99%,主要有绍纳族(占79%)和恩德贝莱族(占17%)两大民族。津巴布韦58%的人口信奉基督教,40%信奉地方宗教,1%信奉伊斯兰教。英语是津巴布韦的官方语言,主要语言还有修纳语和恩德贝莱语。主要城市有哈拉雷、布拉瓦约、马斯温戈等。

津巴布韦是南部非洲重要的文明发源地,在中世纪时代,该地曾存在一个修纳人建立的文明,并且遗留下不少文化遗迹,其中最重要的莫过于大津巴布韦古城(也是津巴布韦的命名由来),以此城为首都的穆胡姆塔巴帝国透过与来自印度洋岸的回教商队贸易,在11世纪时渐渐强盛,利用当地生产的黄金、象牙与铜矿等重要物资,交换来自波斯湾地区的布料与玻璃等生产品,15世纪时,已经成为非洲南部最大的邦国。

中国犀牛

中国犀牛一般体长在 2.1 ~ 2.8 米，高 1.1 ~ 1.5 米，重 1 吨。中国犀牛曾广泛分布在中国南方各省，主要栖息在接近水源的林缘山地地区。唐朝时，湖南、湖北、广东、广西、四川、贵州甚至青海都有分布，明朝时，只分布于贵州、云南。它们主要栖息在接近水源的林缘山地地区。

它有许多独特的外貌特征，异常粗笨的躯体，短柱般的四肢，庞大的头部，全身披以铠甲似的厚皮，吻部上面长有单角或双角，还有生于头两侧的一对小眼睛。它们虽是身体庞大，相貌丑陋，却是胆小不伤人的动物。不过它们受伤或陷入困境时却凶猛异常，往往会盲目地冲向敌人，用头上的角猛刺对方。它们虽然体型笨重，但仍能以相当快的速度行走或奔跑，短距离内能达到每小时 45 千米左右。中国雄性犀牛鼻子前端的角又粗又短，而且十分坚硬，所以人们又称之为"大独角犀牛"。

嘻哈版 科学

你知道吗？

你知道犀牛角竟是中国犀牛

灭亡的祸根所在吗？

中国犀牛本该无忧无虑地一直生活在中国南部，可是它们头上的珍贵犀牛角成了它们灭绝的主要因素。自私的人们把犀牛角当成珍贵的中药材，人们还残忍的将犀牛的皮和血入药，在宋朝就已有用犀牛角的记载。由于滥杀，犀牛数量越来越少，因此越发显得珍贵。于是只有有权、有财的人才能享用。到了清朝，南方各省官员为了使犀牛角成为自己私有的财产，发出公告，不许民间私自捕杀犀牛，只许官方猎杀。这样，犀牛遭到了官兵的狂杀滥捕，他们打死犀牛，当场把犀牛角锯下，然后多数进贡给他们的上司和皇上作为珍贵药材，为他们以后升官发财铺平道路。当时最多出动上千官兵，一次能捕几十头犀牛，当时民间一些人为了发财也大量偷猎犀牛。如此疯狂捕杀，到了公元 20 世纪初，犀牛在中国所剩无几。公元1922 年之后，没人在中国再看到任何一种犀牛。

快乐一读

中国犀牛的品种介绍

中国原来有三种犀牛：

印度犀（RHINOCEROS UNICORNIS）又称大独角犀，有一个鼻角，身上的皮肤似甲胄，体型较大，是仅次于白犀的大型犀牛。印度犀现分布于印度北部和尼泊尔等地，虽然数量不多，仅千余头，但仍是目前亚洲数量最多的犀牛。

爪哇犀（RHINOCEROS SONDAICUS）又称小独角犀，外形和印度犀很接近，但是体型略小，仅雄性有角。爪哇犀原分布于东南亚广大地区，现在仅存于爪哇岛极西部和越南一处森林中，总数不过几十头，且无人工饲养，是现存最珍贵的动物之一。

苏门犀（DICERORHINUS SUMATRENSIS）是现存体型最小和唯一披毛的犀牛，和爪哇犀一样原分布于东南亚的广大地区，现在分布较零星，但尚比爪哇犀分布广泛，数量也略多，现存数百头。

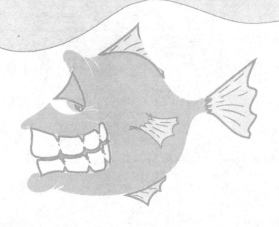

中国白臀叶猴

　　中国白臀叶猴在中国仅分布于海南岛，它的雄兽体形略大于雌兽，体长大约为 61～76 厘米，尾长约为 56～76 厘米，体重 7～10 千克，是体色最绚丽多彩的灵长目动物之一。体毛大部分为灰黑色，脸部黄色，有一圈稀疏的白色长毛。鼻孔朝上，鼻梁平滑。深褐色眼睛呈斜角杏仁型，眼周有黑圈。颈部有白色和栗色的条纹，下颌有红褐色的簇状毛。胸腹部为棕黄色，并且有一个宽大的、呈半圆型的栗色胸斑，胸斑外面的轮廓为黑色。长长的尾巴为白色，尾巴外围呈三角形的臀盘也是白的，因此得名。

　　主要栖息在热带森林，为昼行性完全树栖的猴子，并常在

树林冠层活动，几乎不下地，也不喝水，主要以树叶，嫩芽和果实为食。他们善于跳跃，且动作优雅，跳跃中前臂伸过头顶，后肢先着地，一纵可达 6 米远。白臀叶猴是群居而生，每个群体为一雄或几雄多雌。每个群体约 10 只，有时也可见若干小家族临时聚集起来的大群。在群体中常可见到雌性为雄性理毛，这种行为对联络个体间的感情，维系群体成员关系起着非常重要的作用。

你知道吗？

你知道中国白臀叶猴的种族分类吗？

我国有 6 种叶猴，即黑叶猴、白头叶猴、长尾叶猴、菲氏叶猴、戴帽叶猴和白臀叶猴，它们都是我国的一级保护动物。叶猴起源于欧洲，它们的祖先从欧洲经非洲再到亚洲，首先进入东南亚地区，然后沿着河谷或低地进入我国华南和西南一带具有热带岩溶地貌的亚热带森林，即在目前的分布区生存繁衍，形成优势种群。这个过程发生在大约距今 300 万年前的第四纪，恰好与我国南方热带岩溶在热带气候条件下开始发育、形成的时间相一致，并且得到了很好的适应和充分的发展，生存至今，是大自然所赋予的宝贵财富。

快乐一读

中国外的白臀叶猴存在情况

2007 年 7 月 4 日世界自然基金会等机构发表调查报告说，科学家在越南中部地区发现了迄今数量最大的濒危白臀叶猴种群，大大提高了这一物种的存活机会。报告说，在越南发现的白臀叶猴种群至少包括 116 只白臀叶猴。在此之前，世界上只发现了一个数量超过 100 只的白臀叶猴种群。

白臀叶猴是世界上 25 种最濒危的灵长类动物之一，完全树栖，主要分布于越南、老挝和柬埔寨等地。目前世界上已知还有不到 1000 只白臀叶猴。白臀叶猴被世界自然保护联盟列入濒危物种的红色列表，以及华盛顿公约的附录I中。

中国台湾云豹

台湾云豹又叫乌云豹、荷叶豹、龟纹豹。虽名为云豹，但和真正的豹并没有关系，习性介于老虎和猫之间。台湾云豹的体格大小介于豹和较小型的猫科动物之间，重量 16 ~ 23 千克。全身黄褐色，额头至肩部有数条黑色纵带，颈侧及体侧具有大块云黑斑。身上斑点每只各异，颈部斑点细长，腹部两侧大斑向后，围轮廓深厚而向前者淡细，中间部面积大，并杂以棕黄及少许黑毛，远望如朵云故名云豹。四腿处斑点往下逐渐缩小，尾部上下均有斑点。

云豹全身淡灰褐色，身体两侧约有 6 个云状的暗色斑纹，这也是它之所以叫云豹的原因。肉食性动物，会捕食树上的猴

子、松鼠及鸟类等中小动物，亦会潜伏于树上，俟羌、鹿等猎物自下面经过时飞扑而下咬其颈部致死而食。它的手爪宽厚、有力，拍打猎物异常管用，而犬齿特别长，用来撕碎到口的食物。

你知道吗？

台湾云豹为什么会灭绝？

台湾云豹在 1940 年以前尚有几千只左右，但由于台湾地区的人自私地发现云豹的毛皮美观大方，毛质柔软并富有光泽，是制作皮衣的上等原料，当时欧美的一些人也非常喜欢用云豹的皮毛做的皮衣。云豹的骨头也被人当做中药材。台湾云豹因此遭到了灭顶之灾，被大量捕杀，此时正是台湾现代工业社会迅猛发展的时期。森林被大量砍伐，云豹失去了家园，终日食不果腹，许多最终被饿死了，有些饥不择食的云豹是被一些放有毒药的家禽毒死的。1972 年，台湾云豹永远离开了我们，从此人们只能在图片中欣赏美丽的台湾云豹了。

快乐一读

台湾云豹的起源研究

考古学者在距今 3000 多年的台湾卑南遗址当中，曾经发现过 3 件陪葬用的人兽形玦。在全世界的考古发掘中，这种人兽形玦只有在台湾出现过。而在人兽形玦上面，正可以找到类似云豹的图腾。

台湾云豹第一次被列入科学文献的记载中是在 1862 年，是由第一个踏上台湾的西方国家官员所记载下来的。

台湾最后一笔野外云豹的资料，出现在 1983 年。当时东海大学环境科学中心的研究员张万福，在一个原住民猎人的陷阱中发现了一只已死亡的幼豹。

从 2001 年开始，为了对台湾云豹做更准确的纪录，屏东科技大学野生动物保育研究所和农委会特有生物保育研究中心，开始分别在南部的大武山和中部的山区，在 600 个以上的观察点装设了自动照相机，想要对台湾云豹进行观察记录。该计划延续了将近 3 年，却始终不见台湾云豹的踪影。学者认为，台湾云豹可能已经绝种，即便没有绝种，恐怕也难以繁衍下去了。

中国豚鹿

体型粗壮，四肢短小，臀部钝圆且较低，乍看很像猪，故名"豚鹿"。身长 100 ~ 115 厘米，肩高 60 ~ 70 厘米，体重约 50 千克。通体淡褐色，背部夹杂浅棕色毛尖，腹部显灰色。夏季时，脊背两侧具不规则的灰白色斑点。雄鹿长有细长的三叉角，但整个角型较水鹿短得多。雌性豚鹿无角。中国的豚鹿体形较大，夏毛体斑不太明显。夏毛棕黄色，冬毛浅棕色或淡黄色。

具有完整的眶后条，有眶下腺，能分泌具有特殊香味的液体，涂抹在树干上以标记领地；蹄间、后足等处有臭腺；没有上门齿，有短小的臼齿；胃具 4 室，反刍；没有胆囊；毛较短；前后肢各有 2 根中掌骨和中跖骨愈合，形成炮骨；足具 4 趾，第二和第五趾退化或仅有残迹；蹄发育良好，没有脚垫，直接触地。

主要栖于海拔 500 ~ 800 米的江河两岸及其附近长有蒿草(芦苇)的沼泽湿地。很少进入离河岸较远的山地森林活动。很少见于陆地森林。既善于穿越灌草丛，也能跳跃障碍。多独居夜行，偶尔成对活动。爱吃烧荒后再生的嫩草，也吃芦苇叶及其它的水草，还会偷食大豆、玉米苗和瓜类等作物。

你知道吗?

你知道中国豚鹿的保护级别吗?

中国物种红色名录评估等级: 极危 CR D

依据标准: 分布区极狭窄, 种群数量极少

中国红皮书等级: 国内绝迹

中国红皮书等级生效年代: 1996 年

国家保护级别: 一级

国家保护级别生效年代: 1989 年

快乐一读

鹿

鹿是偶蹄目的1科，共16属约52种，大多数种类普遍具有的特点是：四肢细长、尾巴较短，雄性体型，大于雌性。通常雄的有角，有的种类雌雄都有角或都无角。大多数种类毛色深暗，从黑色、棕色、黄色、深红色至淡黄色不等。但驯鹿会出现白色的个体，寿命8～45年不等。鹿的种类繁多，形态各异，共16属约52种，从最大的驼鹿到最小的鼷鹿之间品种丰富。全世界除南极洲外均有分布。大部分种类地方常见，少数种类为濒危物种。其中梅花鹿是国家一级保护动物。生活习性除驼鹿外大多数种类群居生活。山地、草原、森林均有分布。食物种类树叶、草、果实、种子、地衣、苔藓、灌木、花朵、水草、树皮、嫩枝、树苗。一般春季3～4月发情交配，怀孕期4～10个月，每胎1～3崽。2～3岁性成熟。

中国是世界上产鹿种类最多的国家。属于鹿科的动物，全世界共有17属，38种，其中有10属、18种在中国曾经产或现在仍产。

渡渡鸟

  世界儿童文学经典《爱丽丝漫游奇境记》里曾提到过渡渡鸟。2005 年，由多国科学家组成的一支国际研究小组宣称，他们很可能已经找到一具早已灭绝的渡渡鸟的完整骨架。如今，渡渡鸟已成为一种完全灭绝在地球上的动物。

  在印度洋西南部，有一个名叫毛里求斯的岛国，那里四面环水，而正因与大陆隔离，岛上的许多动植物在千万年的进化过程中，逐渐形成了与大陆完全不同的物种。渡渡鸟就是其中一个奇特的物种，身长 100~110 厘米，体重可以达到 20 千克，外形有点像鸽子，翅膀很小，不能飞翔，头却很大，颈部较短，钩形嘴，尾羽卷曲，常栖息于林地中。在葡萄牙航海者还未踏入到毛里求斯岛国的时候，那里是渡渡鸟的天堂，以至于当航海者出现时，

  它们就会好奇地迎上前去打量那些外来者。可也正是它们的毫无戒备，人们可以任意地屠杀这些鸟儿，最终在 1690 年前后灭绝了。

你知道吗?

渡渡鸟与卡尔瓦利亚树的关系?

在毛里求斯岛上,有一种名叫卡尔瓦利亚的热带树种面临着灭绝的危险,现全球仅存几十棵。这种树高达30米,树龄也在300年以上。科学家发现,这种树每年都会从树上落下一些包含着种子的果实,但是这些种子却无法发芽,无法发芽的原因在于果实的外壳十分地坚硬,必须借助外力才能使幼芽破壳而出。这个外力就是渡渡鸟,它喜欢吃卡尔瓦利亚树的果实,但却并未将其完全消化掉,而只是磨薄果实的外壳,后排出体外,这样果实中的种子就能破壳而出了。因而,渡渡鸟与卡尔瓦利亚树是互相影响,互不可缺的关系。

从二者的紧密关系上我们也看出保护生态平衡的重要性,万事万物相生相克的道理本就如此,可惜现代人们被利益蒙蔽了眼睛,看不到这一点。

他们到哪里去了

快乐一读

"渡渡鸟"这一名字的来源

从微软电子百科全书和钱伯斯语源词典看，"DODO"这一词来自葡萄牙语的"DOUDO"或"DOIDO"，意为"傻瓜"，这个解释可能跟渡渡鸟笨拙的体态且不畏惧人类的习性有关，每当航海者出现时，渡渡鸟就会没有抵抗地任其屠杀，故这种行为和形态很是"愚蠢"。

有些学者则认为这个名称是由荷兰语演变而来的，小鹛鹇在荷兰语中读作"DODAARS"，且两种鸟的羽毛行装和走路姿势十分相似，故混淆了这两种鸟而取了同一个名字。此外还有一种说法是，渡渡鸟的肉很难吃，所以荷兰人将其取名为"肮脏之鸟"（WALGVOGEL）。

而自然学家大卫·达曼在《渡渡鸟之歌》则认为渡渡鸟这一名称来源于其叫声，渡渡鸟发出的就是"DODO"的声音。

日本狼

　　日本狼曾经生活在北半球全域的狼的一种。它肩高 0.35 米，体长 1 米，是世界上体形最小、最为稀有的一种狼。它们曾经居住在本洲、四国、九洲的山林中。日本狼是一种已灭绝的狼，曾经在日本大量繁衍，之后被人大量猎杀，1907 年，也就是明治三十八年，在奈良县的吉野郡鹫家口，人们捕获了一只狼，这只日本狼被确认为最后一只日本狼。

　　日本狼喜欢群居，一般每群数只有 20 只。它们善于奔跑和跳跃，主要以群体方式猎食鹿、野兔等各种食草动物。日本狼喜欢在晨昏集体嚎叫，此时狼的嚎叫声响彻山谷，因此日本狼被日本人称为"吼神"。

你知道吗？

日本狼为什么会灭绝了呢？

在日本，流传着许多关于狼的民间故事。其中，有一个故事中讲到：有一个出外卖艺的盲人，不小心在山中迷了路。后来，他是依靠一只狼带路才回到村庄里的。现在，在一些山区里，还有一些祭奉狼的神社。

狼被人们视为凶恶无比的动物是在日本的贵重家畜或马被它袭击以后。有时，人们怕它，猎杀它，有时又尊敬它，祭拜它。狼成为了日本的自然和文化中的一部分，阿伊努族人即使是使用毒箭射杀它们，也并没有威胁到它们的生存数量。

真正迫使它们灭绝的是在明治时期以后，人类为了毛皮而进行了大规模的猎杀，还有步枪的普及。当然，最大的原因还是因为人类为了扩大自己的势力范围而侵犯了狼，致使狼开始袭击家畜，人们便想方设法地对它们进行捕杀，政府甚至以奖金悬赏的方式鼓励市民捕狼，日本狼也没能幸运地存活下来。随着那时提倡的富国强兵政策，工业化，都市化，还有一些西洋犬进口所带来的犬瘟热，这些一系列的问题都逼得日本狼走投无路。

嘻哈版 科学

快乐一读

土耳其民族标志：阿史那狼图腾

狼图腾文化是乌古斯部族的标志。"阿史那"的姓氏，突厥语译作"乌古斯的"。母狼"阿史那"是突厥神话中的突厥阿史那部族的直系祖先。半人半狼的阿史那一族创建了突厥第一汗国。因此，阿史那也成为现代土耳其民族主义的图腾，尤其是土耳其的主张民族主义的极右政党民族主义者行动党，其统治下的新法西斯伊斯兰青年组织"灰狼"就以阿史那作为标识，成员有将近20万人，并以此宣传泛突厥主义。在前苏联时期，美国中情局曾经资助"灰狼"暗杀了其694人。阿史那也是塞浦路斯的土耳其抵抗组织的标识。

小齿椰子猫

　　小齿椰子猫也叫小齿灵猫、小齿狸等，是体形较小的一种灵猫科动物。体长为 40～50 厘米，体重为 15~20 千克，尾特长，明显地超过体长。除面部中央有一条细窄的白色条纹外，面部再无斑纹。

　　小齿椰子猫在中国内仅分布于云南南部西双版纳的勐腊和勐养，国外见于印度、缅甸、泰国、老挝、越南、马来西亚和印度尼西亚。主要栖息于热带沟谷雨林和季雨林及其林缘灌丛和草丛中。是夜行性灵猫科动物，晨昏活动较多，地栖，亦可上树活动和觅食，以小鼠、两栖类、爬行类和昆虫等为食。在 20 世纪 70~90 年代，云南南部西双版纳地区，小齿灵猫的主要栖息生境大多被开垦种植橡胶，使生存生境大面积地消失。在中国仅于 20 世纪 70 年代在云南南部西双版纳勐腊采获两个标本以及在勐腊、景洪勐养的收购皮张中购得 3 张皮。1990 年以后，未再进行调查。

快乐一读

西双版纳

　　西双版纳位于云南南部西双版纳傣族自治州境内，属北回归线以南的热带湿润区，具有"常夏无冬，一雨成秋"的特点。在这片富饶的土地上，有占全国 1/4 的动物和 1/6 的植物，是名副其实的"动物王国"和"植物王国"。从世界地图上一眼看去，会发现在西双版纳同一纬度上的其他地区几乎都是茫茫一片荒无人烟的沙漠或戈壁，唯有这里的 2 万平方千米的土地像块镶嵌在皇冠上的绿宝石，格外耀眼。

　　景区包括景洪市风景片区、勐海县风景片区、勐腊县风景片区三大块。西双版纳拥有许多的世界之最和中国之最，其中包括最多鸟类等多项纪录入选中国世界纪录协会世界之最、中国之最。

欧亚水貂

欧亚水貂是食肉目，鼬科，貂属动物。成年雄性欧亚水貂头和身体的长度为 0.28 ~ 0.43 米，尾长 0.124 ~ 0.19 米，体重最大的不超过 739 克。成年雌性水貂的头和身体的长度为 0.32 ~ 0.4 米，尾长 0.12 ~ 0.18 米，体重最大不超过 440 克。欧亚水貂的背部呈红褐色，腹部的颜色略淡一些，下巴、胸和喉部有一些白色斑点，全身的体毛浓密而光滑，但很短。

欧亚水貂喜欢栖于小溪、河流和湖泊岸边浓密的植物丛中，选择水鼠洞，岸基裂缝或在树根部掘洞居住。它们是游泳和潜水的天才，但很少在超过 100 米深的水中发现它们的踪迹。

欧亚水貂的活动时间主要是在黄昏和晚上，夏天的活动区域大约在 15 ~ 20 公顷范围内，到了冬天，它们的活动区域就小得多了，一般仅限于在湍急的溪流和没有结冰的水域。欧亚水貂的食物以水鼠为主，还包括了其他的小型啮齿类动物、两栖动物、软体动物、蟹、鱼、甚至昆虫。欧亚水貂有储藏食物的

嗜好。过去，它们在欧洲各国都曾有分布，但现在在立陶宛、荷兰、它们已经灭绝。大约在 1995~1999 年灭绝。

你知道吗？

你知道欧亚水貂是怎样消失的吗？

水貂皮坚韧轻薄，毛绒细而丰厚，张幅大，色调淡雅美观，是毛皮中珍贵的高级制裘原料皮，价值不菲。正因为如此，水貂遭到人们的大肆捕猎，数量急剧下降，形势不容乐观。一般认为过度捕猎和生境破坏是导致本种受威胁的主要原因。但考虑到水貂的栖息范围很广，故长期以来作为主要毛皮兽而遭过度捕杀，也许是更主要的原因。作为国家二级重点保护动物，受到一定的保护，但收效不显。目前在一些水貂分布范围内建立的自然保护区，可对保护水貂有一定作用。

水貂的毛绒细密、颜色素雅，毛皮也颇为珍贵，故水貂在我国历来是重要狩猎对象，但数量很稀少，许多地区已濒临绝灭，难以见到。

快乐一读

水貂

　　水貂在动物分类学上属于哺乳纲、食肉目、鼬科、鼬属的小型珍贵毛皮动物。在野生状态下，有美洲水貂和欧洲水貂两种。现在世界各国人工饲养的均为美欧水貂的后代。

　　它们的皮毛为深棕色。主要在夜间活动，吃小型啮齿动物，也吃蝼蛄、蛙类和鱼。生活在溪流岸边的洞中或岩石缝间，有些繁殖场饲养水貂取其毛皮。水貂的主要商品部分是皮。水貂皮、狐狸皮与波斯羔羊皮，为世界裘皮市场的三大支柱商品。目前，水貂皮在国内供不应求，发展前景很好。

北美白狼

    北美白狼是一种体大、头长的狼种，北美白狼全身都是白色的，只有头和脚呈浅象牙色。分布于加拿大纽芬兰一带，为北美所特有，故称"梦幻之狼"。

    北美白狼的鼻脸突出，耳朵稍短，在黑暗中，眼睛可以反射灯光或火光。而且头部和口部非常有力，可以从地上叼起一只绵羊，并将它带走。狼群狩猎时会全体出动协力合作。在找寻猎物时多排成一纵队，以每小时 26 ~ 40 千米的速度慢慢前进。追赶猎物时，可一追数十千米，将猎物驱赶到很不好走的地方去，它们可以一直跟着猎物，直到猎物筋疲力尽时，才加以击杀。狼群如果遇到成群的猎物，就先加以追赶。当猎物中比较年老体弱或生病者渐渐落后脱队了，就猎杀这些落后的猎物。北美白狼的食量很大，一次可吃掉相当於其体重五分之一重量的肉。当找不到猎物时，也捕食蛇、鸟、蛙、鱼、昆虫及家畜等，几乎什么肉都吃。

    这些长达两米，重逾 70 千克，令人望而生畏的巨狼，总是成双成对厮守，终身相亲相爱。在 19 世纪初叶，北美大平原曾是世界上野生生物最丰饶的地区之一，然而，1880 年以来，狼的数量便开始在这块广袤的土地上锐减。同时失去的动物还有野牛、灰熊、羚羊、美洲鹤及草原榛鸡，连带着大大小小的野生动物，或被枪杀、或遭荼毒。北美白狼为第一种走向灭绝的北美狼。

你知道吗？

狼

狼多指分布于亚、欧、北美的灰狼。真正从种的概念划分，狼主要包括灰狼、赤狼（美国红狼）、郊狼（丛林狼）、胡狼（亚非的豺）、红狼（亚洲豺狗）及比较接近狐狸的南极狼（福岛野犬）、南美狼（鬃狼）。狼在西欧和北欧的很多国家绝迹了，仅挪威、瑞典、芬兰、土耳其、希腊、意大利、西班牙和葡萄牙八个国家有狼的分布。狼在东欧和亚洲还有广泛分布。在中国，狼曾分布于除台湾、海南岛及其他一些岛屿外各省区。但目前狼主要分布在东北、西北、内蒙以及西藏等人口密度比较小的地区。在华北平原、长江中下游地区很难见到狼的踪迹。

快乐一读

你知道北美白狼群中存在严密的组织关系吗?

狼群有巧妙而极其复杂的社会组织,群中成员间的尊卑次序,在整个结构中最受重视,而这尊卑次序在小狼时就已决定。新生一胎几只小狼,出世后刚30天,就在戏耍和打闹中推定领导的一员。这只小狼将来是否能成为狼群首领,要看狼群首领的健康情形如何,同群中雄心勃勃的小狼竞争力量如何等等。狼群的首领几乎全是雄狼,叫做"第一雄狼",但是雌狼之中另有一套尊卑次序,为首的是"第一雌狼"。低阶层由成熟后地位低下的北美白狼和外围的北美白狼组成,他们在狼群外缘活动。最低的是幼狼,出生后第二年它们才能成为狼群中正式成员。但是,成年的北美白狼都有向上爬升的机会,每一只成年北美白狼都在经常试探上级成员的反应,发现了弱点它们就要尽量利用。因此,年轻的北美白狼日渐长大,地位会逐渐增高,年老力衰的北美白狼地位会逐渐下降。

事实上北美白狼的群居组织非常近似人类社会,它依赖的是个体等级和领导、合作、工作与游戏,互相照顾,训练后辈。一位经验丰富的研究北美白狼的人在形容北美白狼的突出的特点时说"友好"。北美白狼对同群中其他成员非常依恋,不断对它们用摇尾、舔鼻、其他的姿态和声音表示情意,用以维持水乳交融的团结以便猎食和防卫。

北美旅鸽

9世纪初，北美大陆生活着一种叫北美旅鸽的鸟，又名漂泊鸠。原分布于北美洲的东北部，秋季向美国佛罗里达、路易斯安那州和墨西哥的东南方迁徙，栖于森林中。

旅鸽体长35～41厘米，重250～340克，形似斑鸠，翅尖成"V"型，尾羽扁形，较长，可占体长的1/2。背上部蓝灰色，腹部至尾为灰棕色；胸部暗红，有大白斑点；颈羽青铜色，有紫、绿色闪光。喙黑色，虹膜红色，腿深红色。典型群居生活，每群可达1亿只以上。主要食用浆果、坚果、种子和无脊椎动物。每产1卵，雌雄共同孵卵，孵化期约13天。雏鸟第1周食双亲分泌出的鸽乳。

欧洲人来到这里之后，由于旅鸽肉味鲜美，开始遭到他们大规模的围猎。从此，旅鸽也就一步步走向了灭绝。在不到100年的时间里，旅鸽从几十亿猛减到濒临灭绝。1914年9月

1日下午，最后一只人工饲养的叫"玛莎"的雌性旅鸽在美国辛辛那提动物园中死掉，代表着旅鸽从此在地球上销声匿迹了。

你知道吗？

你知道猎手在枪杀北美旅鸽时是如何残忍吗？

北美大陆的人们焚烧草地，或者在草根下焚烧硫磺，让飞过上空的鸽子窒息而死。他们甚至坐着火车去追赶鸽群。枪击、炮轰、放毒、网捕、火药炸……捕杀鸽子不仅用来食用，还用来喂猪，甚至仅仅为了取乐。曾经，一个俱乐部一周就杀了5万只旅鸽，有人一天便杀了500只。他们把这些罪恶一一记录下来——那是他们比赛的成绩。

甚至有人想出这样的方法——把一只旅鸽的眼睛缝上，绑在树枝上，张开罗网。它的同伴们闻讯赶来，于是——落网。有时候，一次就能捉到上千只。

威斯康辛州立怀厄卢辛公园立有一块旅鸽纪念碑，上书："该物种因人类的贪婪和自私而绝灭。"

他们到哪里去了

快乐一读

旅鸽标本给人们的警示

1914年在美国华盛顿国家博物馆的展厅里，有一只旅鸽站在一根树枝上，长长的嘴，尖尖的尾巴，展翅欲飞。但它永远告别了蓝天白云。它再也不能动，不能叫，不能吃东西了。这是世界上最后一只旅鸽，而且是一只标本。那双木然的眼睛，怅望着这个世界的人们，是怎样的捕杀它的同类，是怎么剥它的皮抽它的筋剔它的肉的。

这只旅鸽标本的说明牌上，写着5行英文，大意说：玛莎是它们种族中的最后一只，在辛辛那提动物园于1914年9月11日美国中部标准时间1时死去。那鸟儿永不闭阖的眼睛圆瞪着，那永不饶恕的目光，提醒人们吸取沉痛的教训。

大海雀

　　大海雀是一种不大会飞的水鸟，它们曾广泛生活在大西洋的各个岛屿上。大海雀的体型与外观非常像企鹅，体长75～80厘米，重5千克。头部两侧、颊、喉和翅膀黑褐色。大海雀全身以白黑两色为主，后背为黑色，胸部和腹部为白色，这种保护色使它们在海岸岩石上不易被发现。大海雀脚趾为黑色，脚趾间的蹼为棕色。喙为黑色并有白色横向纹槽，适于捕食鱼类。每只眼睛和喙之间有一小块白色的羽毛。眼睛的虹膜呈红褐色。

　　除了繁殖季节外，大海雀很少在陆地上生活，它们喜欢集体活动，常常成百上千只聚集在一起，在海面上漂浮或潜入海中捕食小鱼小虾等，大海雀的巢非常简陋，每对"夫妻"只是在海岛上随便衔几根干草，放到岩棚上便草草了事。大海雀的繁殖能力极低，每次只产一枚卵，每枚卵上都有着各式各样的颜色与斑纹，看上去非常精致。

　　大海雀1944年以后灭绝。

你知道吗？

大海雀的灭绝，
科学家比猎人更难脱干系

19世纪，当大海雀来艾尔帝寻求庇护时，它们的遭遇逐渐引起了科学家的兴趣与关注。

稀少的大海雀成了人们努力搜寻的目标。当时正处于一个搜集标本的黄金时代，一些自诩为绅士的人们都想拥有大量的自然收藏品，例如动物标本、鸟类标本、以及鸟蛋。与此同时，世界各大博物馆也对这样的标本产生了浓厚的兴趣。于是，就在大海雀日益走向没落的时候，人类疯狂地迷恋上了博物学，开始四处搜集不同物种。

维多利亚时代的科学家只热衷于搜集，却忽略了这种动物的习性，并没有意识到，失去繁殖地的大海雀已经走到了灭绝的边缘。它们的数量即使不算少，但只要降到一定程度，就会难逃厄运。

现在看来，维多利亚时代的科学家们由于无知而将大海雀逼上了绝路。

嘻哈版 科学

快乐一读

大海雀的生活

大海雀为水生鸟，可以使用翅膀在水下游泳。它们的食物可能主要为 12 ~ 20 厘米的鱼，但偶尔也捕食较大的鱼，有的甚至超过自身体长的一半，其中大西洋鲱鱼和柳叶鱼可能尤为大海雀喜爱。

除繁殖季节外，大海雀很少在陆地上生活，它们喜欢集体活动，常常成百上千只聚集在一起，在海面上漂浮或潜入海中捕食小鱼小虾等。大海雀天敌很少，主要是大型的海洋哺乳动物和一些猛禽。

大海雀每年产一枚蛋，它们并不做窝，仅产在露天的地面上，并在 6 月份进行孵化。蛋白色偏黄，夹杂有黑灰色的斑点和条纹，而且经常在较大的一头聚集明显。大海雀雏鸟生长极快，3 周后便可出巢。

新西兰鳟鱼

新西兰鳟鱼曾是新西兰最美、最多的淡水鱼。新西兰鳟鱼生活在距离海岸 50 千米左右的内陆河流中。在这些河流水底石头上覆盖着厚厚的藻类,这对于新西兰鳟鱼的牙齿和鳃非常合适。它的头和眼睛很小,外型与普通鳟鱼、家鱼非常相似。它长约 0.45 米,最大的体重可达 1.5 千克。

新西兰鳟鱼很美,红褐色的身体上有鲜艳的斑点,腹部是金色的, 当然, 随着年龄与生存地点的不同,鱼身的颜色也会发生变化。新西兰鳟鱼在河流上游的沙土中产卵,鱼苗随着水流进入河流。

据记载,19 世纪人们曾经在南布岛上的怀特河支流中捕捉到大量的新西兰鳟鱼。这种鱼的味道鲜美,像黄瓜一样,深受当地毛利族人和欧洲移民的喜爱。但人们的爱好给新西兰鳟鱼带来了威胁,因为新西兰鳟鱼的鱼苗必当成捕鱼的诱饵。使新西兰鳟鱼彻底灭绝的真实原因是人们在有意和无意间破坏了它的生存环境。野生的新西兰鳟鱼据说在 1927 年之后就再在也没有发现过。

你知道吗?

新西兰的花园城市——基督城

  基督城是新西兰南岛的第一大城市,也是新西兰除奥克兰以外来往世界各地的第二大门户。游客可选择先到基督城畅游南岛,再逐步北上,从奥克兰离境。基督城处处洋溢着浓厚的英国气息,是英国以外最具英国色彩的城市。这里,19世纪的典雅建筑比比皆是,而到处花团锦簇、草木繁盛的景象,又为基督城赢得了"花园城市"的美誉。

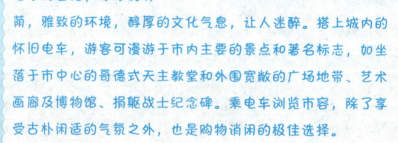

  基督城对游客具有不可抗拒的魅力。洁净的道路,浓浓的林荫,雅致的环境,醇厚的文化气息,让人迷醉。搭上城内的怀旧电车,游客可漫游于市内主要的景点和著名标志,如坐落于市中心的哥德式天主教堂和外围宽敞的广场地带、艺术画廊及博物馆、捐躯战士纪念碑。乘电车浏览市容,除了享受古朴闲适的气氛之外,也是购物消闲的极佳选择。

他们到哪里去了

新西兰

新西兰是世界上有名的风景优美的国家之一，冰雪覆盖的山峦、宽阔的滑冰场、壮观的峡湾和冰川、宜人的温泉、美丽的亚热带海滩、神秘的亚热带雨林、奇妙的火山，无一不使国内外许多旅游者向往。由于新西兰人口不多，密度不大，因此绝大多数风景区至今保留着天然特色，森林面积占全国总面积的 1／4，在现有森林面积中，公园和风景保护区就有 2.4 万平方千米。

中部以罗托鲁阿市那昼夜不息、高达数丈的热喷泉和沸腾的泥浆池而闻名遐迩，热泉资源丰富，南起鲁阿佩胡火山，经淘波湖北达普伦提湾的白岛，长约 240 千米，宽约 48 千米，是世界三大地热区之一，全国有温泉 64 处，为大洋洲温泉最多的国家。此外，因为养羊业发达，又被称做"骑在羊背上的国家"。

堪查加棕熊

堪察加棕熊是棕熊亚种中的一支，曾是世界上最凶猛的熊，重达 780 千克，常栖息在堪察加半岛的密林深处，于 1920 年灭绝了。

堪查加半岛接近北极，气候十分寒冷，一年的大部分时间都在冰雪中度过，因而当地居民以猎杀皮毛动物为生，堪察加棕熊就是他们的猎物之一。而在人类的滥杀滥捕之下，堪查加棕熊数量越来越少，直到 20 世纪初才引起人们的注意，可是此时，棕熊的踪迹已经没有人能够发现了，甚至最后一只堪查加棕熊是怎么死的，死于何处都没有人知道。

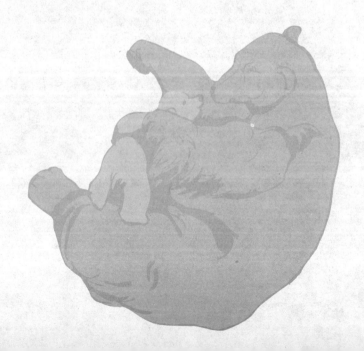

你知道吗?

在棕熊的世界里,许多小幼熊们常常是在生命的最初几年就宣告结束了,堪察加棕熊也不例外。

伤害小幼熊的对象有猎人,有比棕熊更强大的肉食动物,还有脾气暴躁的公棕熊们。猎人捕杀动物,肉食动物猎杀动物均为生存的需要,而公棕熊们伤害小幼熊的原因却是为了交配的需要!堪察加棕熊每年的春末夏初为发情期,而母熊的孕期约有180~266天,小熊出生后很弱小,需要跟母亲呆到两岁半至四岁半,这个时候,母棕熊为了抚育孩子,每隔3~5年才会跟公熊交配一次。长期的抚育孩子,让公棕熊们十分不满,为了让母棕熊们尽早进入交配期,公熊们竟然会找机会杀死这些母熊的孩子!虽然疼爱孩子的母亲会反抗,但面对比自己大1~2倍的大公熊,小幼熊死亡的几率还是很高的,甚至达到45%!

嘻哈版 科学

快乐一读

棕熊的亚种

1. 北海道棕熊：生活在日本地区。

2. 金熊：也叫作加州灰熊，已于 1925 年灭绝。

3. 阿特拉斯棕熊：生活在非洲地区，于 1870 年灭绝。

4. 灰熊：主要生活在加拿大和美国地区。

5. 喜马拉雅棕熊：也叫作雪熊，生活在尼泊尔、印度北部、中国等地。

6. 科迪亚克棕熊：主要生活在阿拉斯加的科迪亚克岛、阿弗格纳克岛和苏伊克岛，是棕熊中体型最大的亚种。

7. 墨西哥灰熊：因毛色棕灰而得名，体型较小，生活于墨西哥地区，于 1996 年灭绝。

8. 藏马熊：也称为西藏蓝熊，主要生活在中国西部地区。

9. 西伯利亚棕熊：主要生活在西伯利亚地区。

10. 叙利亚棕熊：主要生活在中东地区，于 1932 年灭绝。

南极狼

在 19 世纪以前，阿根廷最南端的圣克鲁斯省西面的福克兰群岛上生活着一种狼，由于福克兰群岛非常接近南极圈，因此动物学家们为此种狼取名为南极狼。南极狼可以说是世界上生活在最南端的狼。南极狼的模样同狗很相近，只是眼角斜，口稍宽，吻尖，尾巴短些且从不卷起，垂在后肢间，耳朵竖立不曲。为了生存，南极狼在长期的进化过程中变得犬齿尖锐，能很容易地将食物撕开，几乎不用细嚼就能大口吞下，臼齿也已经非常适应切肉和啃骨头的需要。南极狼的毛色随气温的变化而变，冬季毛色变浅，有的甚至变为白色。

福克兰群岛海岸曲折，潮湿多雾，岛上草原广阔，水草丰美。到了 18 世纪末，这里的畜牧业已经相当发达，岛上大部分居民从事畜牧业。这里广阔的草原和种类繁多的食草动物以及啮齿动物也给南极狼提供了良好的生活空间及食物来源。1875 年，南极狼彻底灭绝了。

嘻哈版 科学

你知道吗?

南极狼为什么会灭绝?

本来狼在人们心目中就是臭名昭著,南极狼有偷食羊和家畜的习性,这样就增加了当地牧人对南极狼的厌恶。为了使自己的利益不受损害,牧人们就纷纷联合起来,开始捕杀南极狼。

1833 年,英国政府对福克兰群岛的霸占更加速了南极狼的灭亡。英国人的侵入并没有使当地牧人停止对南极狼的捕杀,而是和同样对狼恨之入骨的侵略者一起组成了强大的灭狼队伍。他们用英国人带来的枪支对付南极狼。随着枪声的不断响起,所剩不多的南极狼也一个个地倒在血泊之中。到了 1875 年,南极狼已经被当地的牧人和英国人彻底消灭了。

可时隔不久,失去天敌的食草动物和啮齿类动物给当地带来了更大灾难。它们大量啃食,破坏草场,使原来丰美的草场不见了,取而代之的是大片大片的沙化土地,失去草场的牧人不得不另寻他业。

快乐一读

南极

　　南极被人们称为第七大陆，是地球上最后一个被发现、唯一没有土著人居住的大陆。南极洲是由冈瓦纳大陆分离解体而成，南极横断山脉将南极大陆分成东西两部分，是世界上最高的大陆。南极由围绕南极的大陆、陆缘冰和岛屿组成，其中大陆面积1 239.3万平方千米，陆缘冰面积158.2万平方千米，岛屿面积7.6万平方千米。平均厚度为2000米，最大厚度超过4800米，相当于中国和印巴次大陆面积的总和，居世界各洲第五位。整个南极大陆被一个巨大的冰盖所覆盖，平均海拔为2350米。

　　南极洲蕴藏的矿物有220余种。主要有煤、石油、天然气、铂、铀、铁、锰、金刚石等。气候严寒的南极洲，植物难于生长，偶能见到一些苔藓、地衣等植物，鸟类以企鹅为多。南极洲是个巨大的天然"冷库"，是世界上淡水的重要储藏地，拥有地球30%左右的淡水资源。